La Cuisine Surprise

HANS-PETER HUSSONG

La Cuisine Surprise

Vorwort von Peter Suter
Fotografie von Marco Pellanda

AT Verlag

Sämtliche Rezepte sind, sofern nicht anders vermerkt für 4 Personen berechnet.

Bei den Amuse-bouche-Menüs werden jeweils 18 bis 20 Amuse-bouches, zu einzelnen Gängen zusammengestellt, als ein ganzes Menü serviert. Hier wie auch bei den aus mehreren Rezepten zusammengesetzten Kompositionen gilt, dass bei der Zubereitung nur einer der Rezepturen die Mengen entsprechend anzupassen sind.

Inhaltsverzeichnis

Vorwort

1. September 2006, 18 Uhr 50: In Uetikon am See in der Küche der kleinen, feinen «Wirtschaft zum Wiesengrund» von Hans-Peter und Ines Hussong geht es noch erstaunlich gemächlich zu und her. Eine Helferin in der Küche, die charmante Dame des Hauses und Chefin im Saal sowie die beiden Mitglieder der Service-Brigade treffen letzte Vorbereitungen, der Patron und Küchenchef kontrolliert die Vichyssoise, sein Koch Christian Nickel richtet auf Tellerchen kalte Lachsravioli mit Kerbel an. Sein Koch? Wo sind die andern? Es gibt keine andern! Ein neuer dritter Mann, der das Trio am Herd vervollständigen sollte, warf nach zehn Tagen das Küchentuch: Er empfand die Arbeit als zu hart. Ein Ersatz ist gefunden und trifft demnächst ein. – Nur zwei Köche in einem von Michelin mit zwei Sternen und von GaultMillau mit 18 Punkten ausgezeichneten Restaurant bilden zweifellos eine Ausnahme. Ist das auf diesem hohen Niveau, wenn auch nur vorübergehend, zu bewerkstelligen? Es ist, wie wir einige Tage zuvor in der schönen Stube nebenan feststellen durften – und wie!

19 Uhr 10: Die ersten Gäste sind eingetroffen, der Aperitif wird im Garten serviert. Mit dreissig Gästen ist die Restaurantstube ausgebucht. Die Köche besprechen noch einige Details des an der Wand angeschlagenen Sechs-Gang-Menüs, das heute zum ersten Mal zubereitet wird: Amuse-bouche, französische Gänseleber-Terrine mit Feigenkompott, Atlantik-Heilbutt, in Olivenöl gebraten, auf rotem Peperoni-Confit, Fenchel-Panna-cotta mit Miesmuschel-Safran-Suppe, Ormalinger Jungschwein, das Carré auf Steinpilzen mit weissen Bohnen und die mit Portwein geschmorte Schulter, oder Seezungenfilet auf Schmorgurken und Dillsud, Käse vom Wagen, Zwetschgenvariation mit Tarte, Sorbet und Kompott. Hussong schreibt alle zehn Tage ein neues Menü, und zwar seit sechzehn Jahren. Macht immerhin bis jetzt 576 Menüs. Nach acht, neun Tagen, meint der Chef, würde es jeweils zur Routine, und das sei nicht gut. Die Rezepte werden nicht aufgeschrieben. Die neuen Kompositionen werden besprochen, wobei auch die Köche die Möglichkeit haben, Vorschläge und Änderungen einzubringen.

19 Uhr 30: Der Chef befestigt die erste Bestellung an der Wand: T 5, 2 Menüs, I, II, IV Sau, VI. Am Tisch fünf wird demnach auf die Gänge drei und fünf verzichtet und beim Hauptgang Jungschwein gewünscht. Bevor die Post wirklich abgeht, erkundige ich mich beim Chef, wem in seiner Küche die verschiedenen Posten des Rôtisseur, Saucier, Poissonnier, Entremétier und Garde-manger zugeordnet sind. «Niemandem», lautet die überraschende Antwort von Hussong. Auch wenn das Team wieder vollständig ist, machen in der Küche alle drei alles und treten in gegenseitiger Absprache dort in Aktion, wo es am meisten «brennt».

19 Uhr 45: Der Patron annonciert, was an Tisch acht gewählt wurde: 6 Menüs, dreimal ohne Peperoni, Jakobs- statt Miesmuscheln, Sau, zweimal ohne Steinpilze. Bei grossen Küchenbrigaden wird jede vom Küchenchef annoncierte Bestellung von den zuständigen Posten aus mit einem lauten «Oui, chef» quittiert. In der «Wirtschaft zum Wiesengrund» richtet Hussong beim gegenwärtigen Personalbestand seine Bestellungen zwar zu rund fünfzig Prozent an die eigene Adresse. Aber man wird nicht erwarten dürfen, dass er auch noch «Oui chef» ruft!

20 Uhr 20: Jetzt fehlen an der Wand nur noch die Zettel für die beiden letzten Tische. Zu den noch Abwesenden zählt auch der muntere Norweger, der bei unserem Besuch vor wenigen Tagen sehr spät eingetroffen ist, weil er in einem Taxi eine grössere Reise durch den Kanton Zürich unternommen hatte zu mehreren Örtlichkeiten, deren Namen mit der Buchstabenfolge «ikon» enden. – Hussong durchmisst nun die Küche mit Schlittschuhschritten, und auf den Herdplatten, an denen durch kleine Öffnungen Gasflammen in die Höhe schiessen, hat er stets mindestens zwei «Eisen» im Feuer: jetzt links ein Rindsfilet, gebraten auf Rotweinschalotten, rechts ein schönes Stück Heilbutt, und man hat gegenwärtig schon den Eindruck, Rôtisseur und Poissonnier sei eigentlich der Chef des Hauses. Ob sich das später am Abend noch änderte, entzieht sich meiner Kenntnis. Denn in Anbetracht meines sechsten Sinnes, mit dem ich meinen Standort in der Küche stets so auswähle, dass ich den Arbeitenden garantiert im Wege bin, war es höchste Zeit, das Feld zu räumen.

Der Koch: Der 1955 im Saarland aufgewachsene Hans-Peter Hussong hat sich sein Rüstzeug an verschiedenen erstklassigen Adressen geholt. Zu seinen Stationen auf dem Weg nach oben zählten der «Quellenhof» in Bad Ragaz, das «Ascolago» in Ascona unter dem hervorragenden Küchenchef Horst Petermann sowie das Hotel Palace in Berlin. Später war er während dreier Jahre Küchenchef in der Osteria Delea in Losone, 1990 übernahm er mit seiner Gattin Ines die «Wirtschaft zum Wiesengrund» in Uetikon am See. 1997 erhielt er von Michelin den zweiten Stern und von GaultMillau den Goldenen Schlüssel. Dazu schrieb ihm Bundesrat Moritz Leuenberger: «Ich gratuliere von ganzem Herzen zum Cléf d'or, gestehe aber auch, etwas traurig zu sein, dass ich Sie nicht mehr so häufig besuchen kann.» Drei Jahre später wurde Hussong als «Koch des Jahres» gefeiert.

Die Würdigungen, Erfolge und Komplimente, die der Spitzenkoch immer wieder von einer erfreulich treuen und gut durchmischten Kundschaft entgegennehmen darf, sind dem Mann von unaufdringlichem, sympathischem Wesen nicht in den Kopf gestiegen: Er steht mit beiden Füssen auf dem Boden und realisiert das, was seiner Ansicht nach wünschenswert und machbar ist. Hussongs haben eine 19jährige Tochter, die eine Kochlehre absolviert hat, und einen 14jährigen Sohn.

Die «Wirtschaft zum Wiesengrund» hat sich für das Ehepaar Hussong als Glücksfall erwiesen. Die gepflegte Restaurantstube mit dem originalem Sichtmauerwerk des jahrhundertealten Hauses könnte einladender nicht sein, im Garten ist man unter einer würdevollen Platane prächtig aufgehoben. Noch schöner finden wohl nur diejenigen Gäste ihren Platz, die frühzeitig reservierten und sich am grossen runden Tisch für acht bis zwölf Personen am Ende des Gärtchens niederlassen dürfen. Und vielleicht am schönsten findet der Patron seine eigenen Plätze im Garten, von denen er alle möglichen Kräuter und Gemüse ernten und in die Küche tragen kann.

Die Küche: Hussong pflegt einen auf der klassischen französischen Küche basierenden Kochstil, bei dem anspruchvollste Kreationen ebenso Platz finden wie eine im Ofen mit Wurzelgemüse gebratene Bresse-Poularde oder eine Kartoffelgalette mit grillierten Steinpilzen. Mit exotischen Einflüssen geht er sparsam um, und Gerichte, die auf den ersten Biss überraschen mögen, erweisen sich als durchwegs aus sorgsam ausgesuchten Produkten bereitet, deren Eigengeschmack von Gewürzen nie überdeckt wird. So eine perfekte Mariage ist zum Beispiel ein Gurken-Carpaccio mit Saibling und Passionsfrucht-Vinaigrette.

Eine verlockende, dem enormen (Arbeits-)Aufwand entsprechend allerdings auch kostspielige Möglichkeit, Einblick in die Angebotspalette des Hauses zu gewinnen, wird mit den Tapas- oder Amuse-bouche-Menüs geboten, die zwei Tage im Voraus zu bestellen sind. Dabei werden fünfzehn bis zwanzig Köstlichkeiten serviert – grösser als ein Amuse-gueule, aber kleiner als

die Portionen von Degustationsmenüs. Was das Duo in der Küche bei unserem Besuch im gut besetzten Restaurant geboten hat, war bewundernswürdig. Aufgetragen wurden unter anderem: Warme Vichyssoise, Aalstick, Crème brûlée von Gänseleber, Seezungenroulade auf Auberginenkaviar, Langustine mit Champagnerzwiebeln und Safranjus, Jakobsmuschel auf Kräutervinaigrette, Steinbutt auf Saubohnen und Datteltomaten, Geflügelessenz mit Curryschaum, Rouget auf Zitronenpüree und Petersiliencoulis, Kalbskopfbacken, geschmort mit Steinpilzen, Passionsfruchtsorbet mit Champagner, Desservariation, Croissant von Valrhônaschokolade.

Denke ich in Zukunft an die «Wirtschaft zum Wiesengrund», so kommen mir bestimmt zuerst die betörenden Düfte in den Sinn, die in der Küche einem riesigen Kochtopf mit Kalbsjus und einer kleinen Pfanne mit geschmorten Kalbsfüssen, Portwein und Zwiebeln entströmten. Mit Fonds dieser Art präsentiert man nach stundenlanger Arbeit Kunstwerke auf dem Teller, die dann innerhalb von Minuten genossen und zum Verschwinden gebracht werden. Das muss schon als bedauerlich empfunden werden.

Ein Künstler hängt seine Gemälde an die Wand. Das Kochbuch von Hans-Peter Hussong kann man zwar nicht an die Wand nageln. Aber man kann sich in die appetitlichen Rezepte und Fotos vertiefen, erfahren, was wie zustande kommt – und sich selbst die Küchenschürze umbinden und am Herd feine Sachen entstehen lassen. Beinahe wie in Uetikon am See. Das darf schon als erfreulich empfunden werden.

Peter Suter

Amuse-bouche-Menü 1

Spargelvariation

Spargelmousse

Die Spargelstangen in Stücke schneiden, in der heissen Butter andünsten, den Zucker dazugeben und mit Salz, Pfeffer und Muskatnuss abschmecken. Den Rahm dazugiessen und die Spargeln darin weich kochen, anschliessend pürieren. Die ausgedrückte Gelatine unter die Spargelmasse rühren, diese in gefettete Förmchen füllen und 4–5 Stunden kalt stellen. Nach Belieben (wie auf dem Bild) zuvor noch eine Schicht Safrangelee (siehe Rieslinggelee, Seite 77, mit 1 g Safran verrührt) in die Förmchen giessen und fest werden lassen.

Die Spargelmousse mit einem Messer dem Rand entlang lösen und stürzen. Nach Belieben mit einer Kräutervinaigrette garnieren.

Spargel, gratiniert

Die Spargelstangen klein würfeln. Das Gänsefett erhitzen und die Spargeln darin mit Salz, Zucker und Pfeffer andünsten, mit dem Wasser ablöschen und weich dämpfen. In vier kleine Gratinförmchen füllen.

Für die Gratinmasse die Hollandaise mit Orangensaftkonzentrat und Schlagrahm mischen. Die Spargeln damit bedecken und kurz goldgelb gratinieren.

Spargelsuppe

Die Spargelstangen in kleine Stücke schneiden. Das Gänsefett in einem Topf erhitzen, die Spargeln darin andünsten, mit Salz, Pfeffer und Zucker würzen, mit dem Geflügelfond auffüllen und weich kochen. Anschliessend mixen und durch ein Sieb streichen, mit dem Rahm aufgiessen und nochmals aufkochen. In vier kleine Gläser abfüllen.

Spargel-Crème-brûlée

Die Spargelstangen in Stücke schneiden. Das Gänsefett in einem Topf erhitzen, die Spargeln darin andünsten, mit Salz, Pfeffer und Zucker würzen, mit dem Wasser ablöschen und weich dämpfen; zuletzt sollte sämtliche Flüssigkeit verdampft sein. Mixen und durch ein Sieb streichen. Ei und Eigelbe daruntermischen und mit wenig Zitronensaft abschmecken. Die Masse auf vier Gratinformen verteilen, im Wasserbad im Ofen bei 90 Grad etwa 20 Minuten pochieren. Herausnehmen und kalt stellen.

Vor dem Servieren mit Zucker bestreuen und mit einem heissen Crème-brûlée-Eisen oder Bunsenbrenner karamellisieren.

Spargelmousse
500 g weisser Spargel, geschält
30 g Butter
1 Teelöffel Zucker
Salz, Pfeffer, Muskatnuss
100 ml Rahm
4 Blatt Gelatine, eingeweicht

Spargelsuppe
200 g weisser Spargel, geschält
40 g Gänsefett
Salz, Pfeffer, 1 Teelöffel Zucker
200 ml Geflügelfond
50 ml Rahm

Spargel, gratiniert
200 g weisser Spargel, geschält
20 g Gänsefett
Salz, Pfeffer aus der Mühle
1 Teelöffel Zucker
3 Esslöffel Wasser
Gratinmasse:
4 Esslöffel Hollandaise (Grundrezept)
Saft von 2 Orangen,
sirupartig eingekocht
2 Esslöffel Schlagrahm

Spargel-Crème-brûlée
200 g weisser Spargel, geschält
40 g Gänsefett
Salz, Pfeffer aus der Mühle
1 Esslöffel Zucker
2 Esslöffel Wasser
1 Ei und 2 Eigelb
etwas Zitronensaft
Zucker zum Karamellisieren

Königsmakrele auf Schmorzwiebeln

Die Zwiebelhälften mit Olivenöl einreiben, mit Salz und Pfeffer würzen. Im Backofen bei 180–200 Grad backen, bis sie weich sind, aber nicht zerfallen.

Inzwischen für die Persillade die Petersilie zusammen mit den Zitronenzesten und dem Knoblauch fein hacken, Olivenöl und Balsamicoessig daruntermischen, mit Salz und Pfeffer abschmecken.

Die Makrelenfilets mit Salz, Pfeffer und Zitronensaft würzen, leicht mit Mehl bestäuben und in Olivenöl auf beiden Seiten goldgelb braten.

Auf vier Teller jeweils eine geschmorte Zwiebelhälfte geben. Das Makrelenfilet in 4 Stücke teilen und auf die Zwiebelhälften legen, jeweils eine Nocke Persillade daraufsetzen und die Teller nach Belieben mit Olivenöl und Balsamicoessig ausgarnieren.

2 Zwiebeln, geschält, halbiert
Olivenöl
Salz, Pfeffer aus der Mühle

1 Königsmakrelenfilet (ca. 400 g)
Zitronensaft
etwas Mehl zum Bestäuben

Persillade
40 g Petersilie
Zesten von ½ Zitrone
1 Knoblauchzehe
2 Teelöffel Olivenöl
1 Teelöffel Balsamicoessig

Rohe Lachsravioli mit Frühlingszwiebelfüllung

Das Lachsfiletstück der Länge nach halbieren, dann in hauchdünne Scheiben schneiden. Auf der Arbeitsfläche auslegen.

Die Frühlingszwiebeln mit dem Grün fein schneiden. Mit Ingwer, Koriander, der abgeriebenen Limettenschale, Salz, Pfeffer und etwas Baumnussöl mischen.

Die Hälfte der Lachsscheiben mit der Frühlingszwiebelmischung belegen und jeweils mit einer zweiten Lachsscheibe bedecken. Die «Lachsravioli» mit Fleur de Sel und Kubebenpfeffer würzen und auf Tellern anrichten.

Für die Aalsticks das Räucheraalfilet in Stifte schneiden. Die Brikteigblätter in Quadrate in der Grösse der Aalsticks schneiden und diese darin einrollen. Im Ofen bei 200 Grad 5–6 Minuten backen.

100 g Lachsfilet (aus dem Mittelstück)
8 Frühlingszwiebeln
40 g frischer Ingwer, geschält, fein geschnitten
1 Teelöffel Koriander, fein geschnitten
abgeriebene Schale von 1 Limette
Salz, Pfeffer aus der Mühle
Baumnussöl
Fleur de Sel, Kubebenpfeffer

Aalsticks
160 g Räucheraalfilet
4 Brikteigblätter

Thunfisch im Oreganomantel auf Sellerie-Mango-Chutney

Für das Chutney das Mangofruchtfleisch vom Stein schneiden. Mango, Sellerie und Zwiebel klein würfeln, in Olivenöl andünsten, Chili, Knoblauch und Zucker dazugeben, mit dem Essig ablöschen und etwa 15 Minuten kochen lassen. Mit Salz und Pfeffer abschmecken und abkühlen lassen.

Die Thunfischwürfel mit Salz und Pfeffer würzen, mit dem gehackten Oregano panieren. In heissem Olivenöl 1 Minute rundherum anbraten, dann bei 60 Grad im Ofen 10–15 Minuten warm stellen.

Das Chutney auf die Teller verteilen und den Thunfisch darauf anrichten.

Chutney
1 Mango
1 Stangensellerie
1 Zwiebel
1 Chilischote, entkernt, fein geschnitten
2 Knoblauchzehen, klein geschnitten
30 g Zucker
1 Esslöffel Sherryessig
Salz, Pfeffer aus der Mühle

100 g Thunfisch am Stück, in Würfel geschnitten
2 Esslöffel Oregano, fein gehackt
Olivenöl

Rindstatar auf Ochsenschwanzgelee

Zunächst das Ochsenschwanzgelee zubereiten: Dazu die Ochsenschwanzstücke zusammen mit der halbierten Zwiebel auf ein Blech geben und im Ofen bei 180–200 Grad 20–30 Minuten anrösten. Dann die Ochsenschwanzstücke mit der Zwiebel in einen Topf geben, mit Portwein und Cognac sowie dem Wasser auffüllen und etwa 4 Stunden köcheln lassen, dabei immer wieder abschäumen. ½ Stunde vor Ende der Garzeit Karotte, Sellerie und Lauch in walnussgrosse Stücke schneiden, zusammen mit Nelke und Lorbeerblatt dazugeben und zum Schluss mit Salz und Pfeffer abschmecken. Durch ein Sieb passieren und kalt stellen.

In der Zwischenzeit das zum Klären verwendete Rindfleisch mit dem restlichen Gemüse und der Petersilie durch die grosse Scheibe des Fleischwolfs drehen, mit Salz und Pfeffer würzen, das Eiweiss dazugeben. Das Klärfleisch in einen Topf geben, mit der kalten Ochsenschwanzbrühe auffüllen und langsam zum Sieden bringen, ½ Stunde leise kochen lassen, dann die Brühe durch ein Tuch passieren. Von dieser Ochsenschwanzessenz für den Geleespiegel 250 ml abmessen (der Rest lässt sich gut im Kühlschrank aufbewahren oder einfrieren und als Suppe verwenden).

Die eingeweichte Gelatine ausdrücken, zur Ochsenschwanzessenz geben und gut verrühren. Vier tiefe Teller damit ausgiessen und kalt stellen.

Für das Tatar das Rindfleisch mit Eigelb, Senf, Cognac und der Schalotte mischen, mit Salz und Pfeffer abschmecken. Das Tatar in Nocken auf dem Ochsenschwanzgelee anrichten. Nach Belieben mit einem frittierten Kartoffelstreifen garnieren.

Ochsenschwanzgelee
1,6 kg Ochsenschwanz, in Stücke geschnitten
1 mittelgrosse Zwiebel, halbiert
3 Esslöffel Portwein
3 Esslöffel Cognac
3 l Wasser
1 Karotte, gebürstet
½ Sellerieknolle, geschält
1 Stange Lauch, gründlich gewaschen
1 Lorbeerblatt
1 Nelke
Salz, Pfeffer aus der Mühle

500 g Rindfleisch (Rinderhesse)
1 Karotte, gebürstet
1 Zwiebel, geschält
½ Stange Sellerie
½ Stange Lauch, gründlich gewaschen
50 g Petersilie
2 Eiweiss
2½ Blatt Gelatine, eingeweicht

Tatar
200 g Rindsfilet, fein gewürfelt
1 Eigelb
1 Teelöffel englischer Senf
1 Esslöffel Cognac
1 Schalotte, fein geschnitten
Fleur de Sel, Pfeffer aus der Mühle

Terrine von Frühlingsknoblauch mit geschmorten Schnecken

Das Pouletfleisch in kleine Stücke schneiden und 1 Stunde in den Gefrierer stellen. Das eiskalte Pouletfleisch mit dem Rahm und dem Eiweiss fein mixen. Mit Salz, Pfeffer und etwas Cayennepfeffer würzen. Die Masse durch ein Haarsieb streichen und die Petersilie daruntermischen.

Den Frühlingsknoblauch kurz in kochendem Wasser weich kochen, abtropfen lassen. Die ganzen Knoblauchzehen unter die Pouletmasse mischen.

Die Lauchblätter kurz blanchieren, dann in Eiswasser abschrecken, auf einem sauberen Küchentuch auslegen und trockentupfen. Die Terrinenform mit Folie auskleiden und mit den Lauchblättern auslegen. Die Masse einfüllen, glattstreichen und mit den überhängenden Lauchblättern bedecken. Im Wasserbad im Ofen bei 90 Grad 1 Stunde pochieren.

Die Schnecken in etwas Butter kurz schwenken, beiseite stellen. Die Pfanne entfetten, den Weisswein hineingiessen, Portwein und Madeira dazugeben und kurz einkochen lassen, dann mit dem Kalbsjus auffüllen und nochmals etwas einkochen. Die gehackten Kräuter dazugeben und mit Salz und Pfeffer abschmecken. Die Schnecken in die Sauce geben und darin 1–2 Minuten erwärmen.

Die Terrine aus der Form stürzen, in Scheiben schneiden und zusammen mit den Schnecken anrichten.

Für eine kleine Terrinenform von ¼ Liter Inhalt

100 g Pouletbrust
50 ml Rahm
1 Eiweiss
Salz, Pfeffer aus der Mühle, Cayennepfeffer
50 g Petersilie, fein geschnitten
250 g Frühlingsknoblauch, geschält
1 Stange Lauch, längs eingeschnitten, in Blätter zerteilt, gewaschen

24 Schnecken ohne Gehäuse, küchenfertig
Butter
50 ml Weisswein
2 Esslöffel Portwein
2 Esslöffel Madeira
100 ml Kalbsjus
3 Blätter Salbei, fein geschnitten
1 Zweig Thymian, gehackt

Crème caramel von der Gänseleber mit Taubencarpaccio und Curryschaumsuppe

Die Gänseleber mit Cognac, Portwein, Salz und Pfeffer mischen und 24 Stunden im Kühlschrank marinieren. Den Rahm aufkochen, die Gänseleber dazugeben und mixen, nicht mehr kochen lassen. Eier und Eigelb darunterrühren.

Den Zucker in einer Pfanne karamellisieren lassen, das Wasser beifügen und zu einem Karamell kochen. Den Boden von vier Förmchen jeweils mit einer dünnen Schicht Karamell ausgiessen. Die Lebermousse bis zum Rand einfüllen und im heissen Wasserbad im Ofen bei 90 Grad 20 Minuten pochieren. Anschliessend kalt stellen.

Inzwischen jeweils zwei Taubenbrüste aufeinanderlegen und zusammen in Klarsichtfolie zu einer länglichen Rolle formen. Im Tiefkühler anfrieren lassen.

Für die Curryschaumsuppe das Stubenküken in die Geflügelbouillon geben und darin rund 30 Minuten pochieren. Herausnehmen, das Fleisch von den Knochen lösen und warm stellen. Die Knochen zurück in die Brühe geben und nochmals etwa 1 Stunde kochen, bis man eine kräftige Essenz erhalten hat. Durch ein Küchentuch passieren.

Das Currypulver und das Eigelb unter den Schlagrahm mischen.

Das ausgelöste Geflügelfleisch würfeln und in vier Tassen verteilen, mit der Geflügelessenz auffüllen, den Curryschaum daraufgeben und im Ofen bei Oberhitze kurz gratinieren.

Die gerollte Taubenbrust mit einem scharfen Messer oder mit der Aufschnittmaschine in dünne Scheiben schneiden und kreisförmig auf vier Teller verteilen, mit Pfeffer und Fleur de Sel würzen, mit Apfelbalsamicoessig und Kürbiskernöl beträufeln. Die Gänseleber-Crème-caramel mit einem Messer vom Rand der Förmchen lösen, stürzen und anrichten. Die Curryschaumsuppe dazustellen.

100 g Gänseleber, geputzt
1 Esslöffel Cognac
1 Esslöffel Portwein
Salz, Pfeffer aus der Mühle
150 ml Rahm
2 Eier
1 Eigelb

Karamell
100 g Zucker
100 ml Wasser

4 Taubenbrüste

Curryschaumsuppe
1 l Geflügelbouillon (Grundrezept)
1 Stubenküken, küchenfertig
4 Esslöffel Schlagrahm
1 Eigelb
1 Esslöffel Currypulver

Pfeffer aus der Mühle, Fleur de Sel
Apfelbalsamicoessig
Kürbiskernöl

Pojarski von Bresse-Poularde auf grillierter Ananas

Die Poulardenbrust mit einem scharfen Messer sehr fein hacken. In einer Schüssel mit dem Eiweiss mischen. Mit Liebstöckel, Thymian, Salbei, Paprika, Salz und Pfeffer abschmecken. Die Pouletmasse in 12 Portionen teilen und diese jeweils mit angefeuchteten Händen zu einer Halbkugel formen, jeweils einen Mokkalöffel Glace de Viande in die Mitte geben und das Fleisch zu einer Kugel formen.

Die Ananas grosszügig schälen, so dass keine Augen mehr sichtbar sind, vierteln und den Strunk entfernen. Aus den Ananasvierteln insgesamt 12 gleichmässige Stücke schneiden, diese in der heissen Grillpfanne von beiden Seiten grillieren, beiseite stellen.

Aus den Ananasabschnitten eine Sauce herstellen: Dazu Zwiebel, Knoblauch und Peperoncino fein würfeln und zusammen mit dem Kardamom in etwas Traubenkernöl andünsten. Die Ananasabschnitte dazugeben und mit Noilly Prat ablöschen, den Weisswein und den Sternanis beifügen und die Sauce etwa 20 Minuten kochen lassen. Kardamom und Sternanis entfernen, die Sauce im Mixer pürieren und durch ein Sieb streichen. Mit Salz und Pfeffer abschmecken.

Die Eigelbe mit einem Esslöffel Wasser vermischen. Die Geflügelfleischbällchen darin wenden und mit den Briochebröseln panieren. In heissem Öl frittieren.

Die grillierten Ananasstücke auf vier Teller geben, die Geflügelbällchen jeweils mit einem Spiess auf die Ananas stecken und die Teller mit etwas Balsamicoessig garnieren. Die Sauce separat dazu reichen.

Ergibt etwa 12 Fleischbällchen

350 g Bresse-Poulardenbrust
1 Eiweiss
1 Bund Liebstöckel, fein geschnitten
2 Zweige Thymian, gehackt
4 Blätter Salbei, fein geschnitten
1 Teelöffel Paprikapulver
Fleur de Sel, tasmanischer Pfeffer aus der Mühle
60 g Glace de Viande (Grundrezept)

Sauce
1 Ananas
1 kleine Zwiebel
½ Knoblauchzehe
1 Peperoncino, entkernt
1 Kardamomkapsel
Traubenkernöl
100 ml Noilly Prat (trockener Wermut)
100 ml Weisswein
2 Sternanis

2 Eigelb
Panierbrotbrösel aus Brioche
Frittieröl
Balsamicoessig zum Garnieren

Glasierte Karotte mit Bitterschokolade und Karotten-Ingwer-Sorbet

Zucker und Wasser aufkochen, Zitronensaft und Kardamom dazugeben und die Karottenwürfel darin weich kochen, im Fond erkalten lassen. Dann auf einem Gitter gut abtropfen lassen.

Die Bitterschokolade über einem heissen Wasserbad schmelzen. Die Karottenwürfel hineintauchen, so dass sie zur Hälfte mit Schokolade überzogen sind, eventuell mehrmals wiederholen. Die Schokolade auf einem Gitter fest werden lassen.

Für das Sorbet den Ingwer in feinste Würfelchen schneiden, mit dem Karottensaft mischen, den Läuterzucker dazugeben und in der Eismaschine gefrieren lassen.

Auf vorgekühlte Teller jeweils drei Karottenwürfel setzen und das Sorbet dazustellen.

---

100 g Zucker
100 ml Wasser
Saft von 1 Zitrone
1 Kardamomkapsel
4 Karotten, geschält, in 12 Würfel geschnitten
100 g Bitterschokolade

Sorbet
80 g Ingwer, geschält
Saft von 4 Karotten (100 ml)
50 ml Läuterzucker (Grundrezept)

Amuse-bouche-Menü 2

Aspik vom Ormalinger Jungschwein und Gänseleber an Schnittlauchvinaigrette

Für den Sud das Wasser mit dem Gemüse und den Würzzutaten aufkochen und den Schweinebauch darin rund 90 Minuten leicht sieden lassen. Herausnehmen und abkühlen lassen. Dann in kleine Würfel schneiden.

Den Sud nochmals abschmecken, durch ein Tuch passieren und anschliessend die ausgedrückte Gelatine darin auflösen, abkühlen lassen. Die Schweinefleischwürfel zusammen mit der Gänseleber dazugeben, mischen.

In vier Förmchen jeweils ein Liebstöckelblatt legen, mit der Masse auffüllen und diese 4–5 Stunden im Kühlschrank fest werden lassen.

Für die Vinaigrette den Schnittlauch mit den übrigen Zutaten mischen.

Den Aspik in den Förmchen kurz in heisses Wasser tauchen und mit einem Messer dem Rand entlang lösen, stürzen und auf vier Teller setzen. Die Schnittlauchvinaigrette darum herumträufeln und mit gebratenen Kartoffelscheiben garnieren.

200 g Schweinebauch

Sud
1 l Wasser
1 Karotte, geschält
1 Zwiebel, halbiert
½ Stange Lauch,
gründlich gewaschen, halbiert
100 g Stangensellerie, halbiert
1 Lorbeerblatt
1 Nelke
Salz
1 Teelöffel Pfeffer, grob zerstossen
8–10 Blatt Gelatine, eingeweicht,
ausgedrückt
80 g Gänseleber, geputzt, klein gewürfelt
1 Zweig Liebstöckel

Schnittlauchvinaigrette
1 Bund Schnittlauch,
in feinste Röllchen geschnitten
3 Esslöffel Baumnussöl
1 Esslöffel Champagneressig
Salz, Pfeffer aus der Mühle

Cocktail von Gänseleber, Morcheln und grünem Spargel

Die rohe Gänseleber mit Portwein, Cognac, Salz, Pfeffer und Zucker mischen und 24 Stunden im Kühlschrank marinieren.

Den Rahm aufkochen, vom Herd ziehen und nach und nach die Gänseleber und anschliessend das Ei einrühren. Die Masse durch ein Sieb passieren und vier Gläser bis zu einem Drittel der Höhe mit der Masse füllen.
Im Wasserbad im Ofen bei 80 Grad 20 Minuten pochieren, herausnehmen und etwas abkühlen lassen.

Die Morcheln in der heissen Butter andünsten, mit Cognac und Portwein ablöschen, mit Salz und Pfeffer würzen, den Kalbsjus beifügen und alles etwas einkochen lassen. Auf die Gänseleber in die Gläser verteilen.

Die Spargeln kurz in der Butter andünsten, den Zucker dazugeben und mit Salz, Pfeffer und Zitronensaft abschmecken, das Wasser beifügen und die Spargeln zugedeckt rund 15 Minuten weich garen. Herausnehmen, die Spitzen abschneiden, den Rest klein schneiden und im Mixer pürieren. Das Spargelmus kurz erwärmen und auf die Morcheln geben. Mit den Spargelspitzen, eventuell auch weisse und grüne gemischt, und nach Belieben einem gebackenen Blätterteig- oder Strudelteigblatt garnieren.

---

100 g Gänseleber, geputzt
1 Esslöffel Portwein
1 Esslöffel Cognac
Salz, Pfeffer aus der Mühle
1 Teelöffel Zucker
150 ml Rahm
1 Ei

120 g Morcheln, geputzt, gründlich gewaschen
20 g Butter zum Braten
1 Esslöffel Cognac
1 Esslöffel Portwein
2 Esslöffel Kalbsjus

10 Stangen grüner Spargel, geschält
20 g Butter
1 Teelöffel Zucker
1 Spritzer Zitronensaft
50 ml Wasser

Krabbensalat und Jakobsmuscheln mit Kressesauce

Aus den angegebenen Zutaten eine Mayonnaise herstellen und diese würzig abschmecken. Das Krabbenfleisch mit der Mayonnaise mischen und abschmecken.

Für die Kressesauce alle Zutaten zusammenmixen und durch ein Sieb streichen, abschmecken.

Den Kopfsalat in feine Streifen schneiden. Ringformen auf die Teller stellen. Den Salat hineingeben, anschliessend den Krabbensalat einfüllen und leicht andrücken, dann die Ringformen abheben.

Die Jakobsmuscheln würzen, mit Mehl bestäuben und in Olivenöl auf beiden Seiten anbraten. Zuletzt auf den Krabbensalat setzen.

Mit der Kressesauce garnieren und nach Belieben zum Beispiel mit Kapuzinerkresse oder mit einem gebackenen Brikteigblatt dekorieren.

Mayonnaise
2 Eigelb
50 ml Haselnussöl
1 Teelöffel Estragon- oder Fruchtessig
Salz, Pfeffer aus der Mühle

200 g Krabbenfleisch

Kressesauce
100 g Kresse
100 g Joghurt nature oder Sauerrahm
Salz, Pfeffer aus der Mühle
1 Prise Zucker

1 Kopfsalat
4 Jakobsmuscheln
Salz, Pfeffer aus der Mühle
Mehl
Olivenöl zum Braten

Blumenkohl-Panna-cotta mit Osciètre-Kaviar

Die Blumenkohlröschen in der Butter andünsten, etwas Wasser dazugeben, mit Salz, Pfeffer und Muskat würzen und zugedeckt weich dünsten.

Den Blumenkohl mit dem Rahm fein mixen, das Ei und die Eigelbe dazugeben, mit Cayennepfeffer abschmecken. Die Masse in kleine gebutterte Förmchen füllen und im Wasserbad im Ofen bei 80 Grad pochieren, bis sie fest ist. Herausnehmen, etwas abkühlen lassen, mit einem Messer dem Rand entlang lösen und auf die Teller stürzen. Mit einer Kaviarnocke garnieren.

200 g Blumenkohl, geputzt, in Röschen zerteilt
20 g Butter
Salz, Pfeffer aus der Mühle, Muskatnuss
50 ml Rahm
1 Ei
2 Eigelb
etwas Wasser
Cayennepfeffer
Butter für die Förmchen
100 g Oscière-Kaviar

Jakobsmuscheln auf Limetten-Kartoffelpüree

Die Jakobsmuscheln waschen und trockentupfen. Die Lauchblätter zum Umwickeln der Jakobsmuscheln in 12 Streifen schneiden, diese in kochendem Wasser blanchieren, in Eiswasser abschrecken und ebenfalls trockentupfen.

Die Brikteigblätter mit Wasser bestreichen, aufeinander legen und 12 Rondellen ausstechen, Tarteletteförmchen damit auslegen. Im Ofen bei 180 Grad 2–3 Minuten blind backen.

Das Kartoffelpüree nach dem Rezept Seite 140 zubereiten, mit der abgeriebenen Schale und dem Saft der Limette abschmecken, in die Tarteletteförmchen füllen.

Die Jakobsmuscheln mit den Lauchstreifen umwickeln, würzen und in Olivenöl goldgelb braten. Abseits vom Herd an der Wärme durchziehen lassen.

Die Tartelettes auf die Teller verteilen. Die Jakobsmuscheln mit Rohrzucker bestreuen und diesen mit dem Crème-brulée-Eisen oder dem Bunsenbrenner karamellisieren. Auf die Tartelettes setzen und mit den Zitronenfilets und dem Schnittlauch garnieren. Nach Belieben mit etwas Kürbiskernöl beträufeln.

12 Jakobsmuscheln ohne Corail
2 Stangen Lauch, längs eingeschnitten, in Blätter zerteilt, gewaschen
Salz, Pfeffer aus der Mühle
Olivenöl
etwas Rohrzucker

Tartelettes mit Limetten-Kartoffelpüree
8 Blätter Brikteig
200 g Kartoffelpüree (siehe Rezept Seite 140)
Schale und Saft von 1 Limette

4 Stengel Schnittlauch zum Garnieren
1 Limette, geschält, Filets ausgelöst
etwas Kürbiskernöl

Heilbutt auf zweierlei Art

Vier der Heilbuttstücke in rotem und schwarzem Pfeffer wälzen, salzen und in einer Räucherpfanne 10 Minuten ziehen lassen. (Räucherpfannen sind im Fischereibedarf erhältlich.)

Die restlichen vier Heilbuttstücke würzen, mit Mehl bestäuben und in einer Bratpfanne in Olivenöl auf beiden Seiten anbraten. Herausnehmen und warm stellen.

Die Auberginenstücke mit Salz bestreuen und 20 Minuten stehen lassen (dadurch werden ihnen die Bitterstoffe entzogen). Danach gut trockentupfen, mit Mehl bestäuben und in einer beschichteten Bratpfanne goldgelb braten. Warm stellen.

Peperoni, Schalotten und Knoblauch im Olivenöl dünsten, mixen und durch ein Sieb streichen. Den Coulis mit Salz und Pfeffer abschmecken und warm stellen.

Das Basilikum mit Knoblauch, Pinienkernen und Olivenöl zu einem dickflüssigen Öl mixen.

Auf die Teller je zwei Auberginenscheiben geben und auf diese je ein geräuchertes und ein gebratenes Stück Heilbuttfilet setzen. Mit dem Peperonicoulis und dem Basilikumöl und nach Belieben mit einem Basilikumblatt garnieren.

---

1 Heilbuttfilet ohne Haut (ca. 320 g), in 8 gleich grosse Stücke geschnitten
schwarzer und roter Pfeffer, grob zerstossen
zerstossenes grobes Meersalz
Olivenöl
1 Aubergine, in 8 gleich grosse Stücke geschnitten

Peperonicoulis
2 rote Peperoni (Paprika)
2 Schalotten
1 Knoblauchzehe
2 Esslöffel Olivenöl

Basilikumöl
2 Bund Basilikum
1 Knoblauchzehe
2 Esslöffel Pinienkerne
Zitronensaft
4 Esslöffel Olivenöl

Muscheln marinière mit Seeigelcreme und Fenchelpüree

Olivenöl in einem grossen Topf sehr stark erhitzen. Die Miesmuscheln (mit Schale) mit Salz und Pfeffer würzen und im Sturz in den Topf schütten, sofort mit Weisswein, Noilly Prat, Pastis und Fischfond ablöschen, den Topf mit einem Deckel verschliessen und die Muscheln etwa 2 Minuten kochen lassen, so dass sie sich öffnen. Die Muscheln in ein Sieb schütten, den Fond auffangen. Nicht geöffnete Muscheln entfernen.

In einer Kasserolle die Schalotten mit den Champignons andünsten, mit dem Muschelfond auffüllen, diesen etwas einkochen. Mit Dill, Kerbel, Salz und Pfeffer abschmecken und durch ein Tuch passieren.

Von den Seeigeln mit einer Schere einen Deckel abschneiden, dabei austretendes Wasser auffangen. Die Seeigelzungen vorsichtig aus den Schalen lösen, abspülen und beiseite legen. Die Schalen ebenfalls ausspülen und bereithalten.

Das Seeigelwasser zum Muschelfond geben, den Rahm beifügen, aufkochen und mit Cayennepfeffer und Zitronensaft abschmecken.

Den Fenchel in Olivenöl andünsten, das Wasser dazugeben und den Fenchel zugedeckt sehr weich dünsten. Im Mixer pürieren, durch ein Sieb streichen, Fenchelsamen und Dill hinzufügen und mit Salz und Pfeffer abschmecken.

Das Fenchelpüree auf die Teller verteilen, die Muscheln aus der Schale lösen und auf das Fenchelpüree setzen. Die Seeigelzungen wieder in die Seeigelschalen verteilen und mit der Creme auffüllen. Dazu anrichten.

600 g Miesmuscheln,
gründlich gewaschen, entbartet
Salz, Pfeffer aus der Mühle
Olivenöl
100 ml Weisswein
50 ml Noilly Prat (trockener Wermut)
50 ml Pastis
50 ml Fischfond
2 Schalotten, klein gewürfelt
50 g Champignons,
in Scheiben geschnitten
1 Teelöffel Dill, gezupft
1 Teelöffel Kerbel, gezupft

Seeigelcreme
4 Seeigel
100 ml Rahm
1 Messerspitze Cayennepfeffer
1 Spritzer Zitronensaft

Fenchelpüree
2 Fenchelknollen,
in dünne Scheiben geschnitten
Olivenöl
50 ml Wasser
1 Teelöffel Fenchelsamen
Salz, Pfeffer aus der Mühle
1 Teelöffel Dill, fein gezupft

Gebratene Langustine auf Peperoni-Mango-Chutney

Für das Chutney in einer Kasserolle den Zucker karamellisieren lassen, mit dem Sherryessig und dem Weisswein ablöschen, Zwiebel, Peperoni, Mango, Knoblauch, Currypaste und Currypulver beifügen und alles rund 20 Minuten kochen lassen. Mit Salz und Pfeffer abschmecken und abkühlen lassen.

Die Langustinen mit Salz und Pfeffer würzen, in Olivenöl etwa 3 Minuten braten.

Das Chutney auf vier Teller verteilen und die sautierten Langustinen darauf anrichten.

Chutney
40 g Zucker
3 Esslöffel Sherryessig
100 ml Weisswein
1 Zwiebel, klein gewürfelt
1 rote Peperoni (Paprika), geschält, klein gewürfelt
1 Mango, Fruchtfleisch vom Stein geschnitten, klein gewürfelt
1 Knoblauchzehe, fein geschnitten
1 Teelöffel grüne Currypaste
1 Teelöffel Currypulver
Salz, Pfeffer aus der Mühle

4 Langustinenschwänze ohne Schale
Olivenöl

Rosmarinsuppe mit Honig

Schalotten, Champignons, Sellerie und Knoblauch zusammen mit dem Lorbeerblatt und der Nelke in der Butter andünsten, den Geflügelfond dazugiessen und um die Hälfte einkochen. Den Rahm beifügen, die Rosmarinzweige dazugeben und etwa 20 Minuten auf kleiner Flamme ziehen lassen. Anschliessend die Rosmarinzweige entfernen und die Suppe durch ein Sieb passieren.

Den Honig in vier Gläser verteilen, mit der Suppe auffüllen und servieren.

4 Schalotten, klein geschnitten
4 Champignonköpfe, klein geschnitten
50 g Knollensellerie, geschält, klein geschnitten
1 Knoblauchzehe, fein geschnitten
1 Lorbeerblatt
1 Nelke
40 g Butter
½ l heller Geflügelfond
100 ml Rahm
3 Zweige Rosmarin
Salz, weisser Pfeffer aus der Mühle
1 Teelöffel Honig

Gitzi, geschmort, in mediterranem Gemüsemantel

Die Gitzikeule mit Weisswein, Lorbeerblatt, Nelke und dem klein geschnittenen Gemüse 48 Stunden marinieren. Am folgenden Tag die Gitzikeule aus der Marinade nehmen und gut trockentupfen. Das Gemüse aus der Marinade absieben und die Marinade auffangen.

Das Fleisch mit Salz und Pfeffer würzen, in heissem Öl rundherum anbraten, herausnehmen. Etwas vom Bratfett abgiessen, das Marinadengemüse dazugeben und ebenfalls gut anbraten, so dass es eine schöne braune Farbe annimmt. Das Tomatenpüree beifügen und anrösten, mit dem Mehl bestäuben und dieses ebenfalls etwas Farbe annehmen lassen. Das Ganze mit Portwein und Madeira ablöschen, mit der Marinadenflüssigkeit auffüllen und diese einkochen lassen. Dann mit 1 Liter Wasser oder Fond auffüllen, die Steinpilze, die Champignons und den Knoblauch dazugeben. Die Keule wieder hineingeben und zugedeckt auf kleiner Flamme schmoren lassen. Dabei die Keule ab und zu umdrehen und falls nötig noch etwas Wasser zugiessen. Nach 3–4 Stunden Schmorzeit sollte das Fleisch sehr weich sein. Die Keule aus der Sauce nehmen und beiseite stellen. Die Sauce durch ein feines Sieb giessen, den Rosmarinzweig dazugeben und die Sauce um die Hälfte einkochen lassen.

Für den Gemüsemantel die Tomaten-, Auberginen- und Zucchettischeiben auf einem eingeölten Blech abwechslungsweise überlappend übereinanderlegen, mit Thymianblättchen und Knoblauch bestreuen, mit Salz und Pfeffer würzen und im Ofen bei 180 Grad 15–20 Minuten backen. Kleine Metallringe mit dem Gemüsemantel so auslegen, dass in der Mitte ein Hohlraum zum Füllen bleibt.

Das geschmorte Gitzifleisch vom Knochen lösen, klein schneiden und in den Hohlraum des Gemüsemantels füllen.

Die Gitzi-Gemüse-Törtchen auf vier Teller setzen. Nach Belieben mit dem Spritzsack etwas Kartoffelpüree daraufgeben und mit einer Scheibe schwarzer Trüffel garnieren. Mit etwas Sauce umgiessen.

---

1 Gitzikeule (Zicklein)
1 l trockener Weisswein
1 Lorbeerblatt
1 Nelke
2 Zwiebeln, klein geschnitten
2 Karotten, klein geschnitten
1 Sellerieknolle, klein geschnitten
Salz, Pfeffer aus der Mühle
Öl zum Anbraten
50 g Tomatenpüree
1 Esslöffel Mehl
100 ml Portwein
100 ml Madeira
100 g getrocknete Steinpilze, in lauwarmem Wasser eingeweicht
100 g Champignons, klein geschnitten
2 Knoblauchzehen, gepresst
1 Zweig Rosmarin

Gemüsemantel
2 Tomaten, gehäutet, in dünne Scheiben geschnitten
1 Aubergine, in dünne Scheiben geschnitten
1 Zucchetti, in dünne Scheiben geschnitten
2 Zweige Thymian
1 Knoblauchzehe, fein geschnitten
Olivenöl
Salz, Pfeffer aus der Mühle

Ziegenkäse im Briochemantel mit Feigensauce

Die Brioche in ½ cm dünne Scheiben scheiden und damit vier Ringformen auskleiden, vier Scheiben für den Deckel rund ausstechen.

Den Ziegenkäse mit Salz und Pfeffer würzen, mit Olivenöl beträufeln und mit den Thymianblättchen bestreuen. Den Käse in die vorbereiteten Ringe pressen und die Briochedeckel darauflegen. Im Ofen bei 180 Grad 15 Minuten backen.

Für die Feigensauce die Feigen halbieren, vier schöne Hälften für die Garnitur beiseite legen, von den restlichen Feigen das Fruchtfleisch aus der Schale kratzen.

Portwein, Zucker, Lorbeerblatt, Nelke, Salz und Pfeffer 10 Minuten kochen lassen, das Feigenfruchtfleisch dazugeben und aufkochen, den Senf beifügen und nochmals mit Salz und Pfeffer abschmecken. Mixen und durch ein Sieb streichen.

Ziegenkäsetörtchen auf den Tellern anrichten, die Feigensauce dazugeben und mit den beiseite gelegten Feigen garnieren.

1 Brioche (Grundrezept), in Kastenform gebacken
160 g Ziegenkäse
1 Teelöffel grob zerstossener Pfeffer, Salz
Olivenöl
4 Zweige Thymian

Feigensauce
4 Feigen
100 ml Portwein
50 g Zucker
1 Lorbeerblatt
1 Nelke
1 Teelöffel englischer Senf

Variation von Rhabarber

Rhabarber-Schlupfer

Vier Backförmchen mit Butter ausstreichen und mit Zucker ausstreuen.

Die Rhabarberwürfel mit allen weiteren Zutaten mischen und in die Backförmchen füllen.

Die Zutaten zum Guss verrühren und über die Rhabarbermischung verteilen. Die Formen kräftig auf dem Tisch aufklopfen, so dass sich die Flüssigkeit gut darin verteilt. Bei 180 Grad im Ofen etwa 12 Minuten backen und anschliessend 15 Minuten im Ofen stehen lassen.

Rhabarberglace

Den Rhabarber zusammen mit dem Grenadinesirup, dem Läuterzucker und dem Zitronensaft weich kochen, anschliessend mixen und durch ein Sieb passieren. Den Rahm dazugeben, abkühlen lassen und in der Eismaschine gefrieren.

Zum Servieren die Glace in vier eisgekühlte Gläser füllen.

Rhabarberkompott

Den Rhabarber schälen und in 1 cm grosse Stücke schneiden.

Die übrigen Zutaten in einen Topf geben, aufkochen, den Rhabarber dazugeben und darin weich kochen; darauf achten, dass er nicht zerfällt. Durch ein Sieb abgiessen und den Fond auffangen. Das Mondamin mit 1 Esslöffel Wasser anrühren, den Fond aufkochen und mit dem Mondamin binden. Den Rhabarber dazugeben, in Gläser füllen und kalt stellen.

Rhabarber-Schlupfer
Butter und Rohrzucker für die Formen
6 Stangen Rhabarber, geschält, gleichmässig klein gewürfelt
50 g Zucker
abgeriebene Schale von ½ Orange
abgeriebene Schale von ½ Zitrone
½ Esslöffel Zimt
50 g gemahlene Haselnüsse
4 Scheiben Brioche (Grundrezept), in feine Würfel geschnitten

Guss
150 ml Rahm
4 Eier
½ Vanilleschote, Mark
100 g Zucker

Rhabarberglace
500 g Rhabarber, geschält, in Stücke geschnitten
100 ml Grenadinesirup
200 ml Läuterzucker (Grundrezept)
Saft von 1 Zitrone
100 ml Rahm

Rhabarberkompott
250 g Rhabarber
50 ml Orangensaft
40 ml Weisswein
40 ml Grenadine
30 g Zucker
abgeriebene Schale von ½ Orange
1 Vanillestengel
1 Zimtstange

15 g Mondamin zum Binden

Vegetarisches Menü

Avocadoterrine

Die Tomaten häuten, vierteln, entkernen und im Ofen bei 80 Grad 2 Stunden trocknen.

Die Lauchblätter kurz blanchieren, dann in Eiswasser abschrecken, auf einem sauberen Küchentuch auslegen und trockentupfen.

Die Avocados schälen, den Stein entfernen. Das Fruchtfleisch in mittelgrosse Schnitze schneiden, in einer Schüssel mit dem Zitronensaft mischen, mit Salz und Pfeffer würzen.

Die Terrinenform mit Folie auskleiden und leicht überlappend mit den Lauchblättern auslegen. Die Avocados mit den getrockneten Tomaten mischen, in die Terrinenform geben und festdrücken, mit dem überstehenden Teil der Lauchblätter bedecken, den Deckel auflegen und beschweren. Etwa 4 Stunden kühl stellen. Die Terrine aus der Form stürzen und mit einem sehr scharfen Messer in Scheiben schneiden. Auf vier Teller verteilen und nach Belieben mit feinen frischen Tomatenschnitzen garnieren.

Für eine kleine Terrinenform von ½ Liter Inhalt

3 Tomaten
1 Stange Lauch, längs eingeschnitten, in Blätter zerteilt, gewaschen
4 Avocados
Saft von 1 Zitrone
Salz, Pfeffer aus der Mühle

Tomatenvariation

Tomaten-Granité

Die Tomaten mixen, mit Salz, Pfeffer, Zucker und Gin abschmecken und durch ein Sieb giessen. In einer flachen Form hauchdünn ausgiessen und gefrieren lassen. Das gefrorene Tomateneis mit einem Spachtel vom Blech kratzen und in eisgekühlte Gläser füllen.

Tomate in Gelee

Die Tomaten mixen, mit Salz, Pfeffer, Zucker und Tabasco abschmecken, in ein Passiertuch geben und über Nacht im Kühlschrank abtropfen lassen; dabei den entstehenden klaren Saft auffangen. Die Gelatine mit wenig Wasser leicht erwärmen und unter den klaren Tomatensaft rühren.

Den Boden von vier Timbaleförmchen mit dem Tomatengelee bedecken und dieses fest werden lassen. Dann jeweils eine Datteltomate daraufsetzen und mit dem restlichen Gelee auffüllen, im Kühlschrank 3–4 Stunden durchkühlen und fest werden lassen.

Tomaten mit Basilikuminfusion

Basilikum, Knoblauch und Pinienkerne mit dem Olivenöl mixen. Das Basilikumöl in eine Spritze aufziehen und in die vier Tomaten spritzen.

Die Tomaten mit Salz und Pfeffer würzen und im vorgeheizten Ofen bei 180 Grad etwa 15 Minuten backen.

Das Gelee mit einem Messer dem Rand entlang lösen, aus den Timbaleförmchen stürzen und zusammen mit dem Granité und den Basilikum-Tomaten auf Tellern anrichten. Mit etwas Basilikumöl garnieren.

Tomaten-Granité
4 Tomaten
Salz, Pfeffer aus der Mühle
1 Prise Zucker
2 Esslöffel Gin

Tomate in Gelee
4 Tomaten
Salz, Pfeffer aus der Mühle
1 Prise Zucker
1 Spritzer Tabasco
4 Blatt Gelatine, eingeweicht
4 Datteltomaten, gehäutet

Tomaten mit Basilikuminfusion
4 mittelgrosse Tomaten, gehäutet
1 Bund Basilikum
1 Knoblauchzehe
1 Esslöffel Pinienkerne
50 ml Olivenöl
Salz, Pfeffer aus der Mühle

Kartoffel-Tomaten-Suppe

Für die Kartoffelsuppe die Kartoffeln und den Lauch klein schneiden, in der heissen Butter andünsten, mit Salz und Pfeffer würzen, mit dem Geflügelfond auffüllen und etwa 30 Minuten kochen lassen. Mit Majoran, Salz und Pfeffer abschmecken, pürieren und durch ein Sieb passieren.

Für die Tomatensuppe Tomaten, Zwiebel und Knoblauch in Olivenöl andünsten, mit Salz, Pfeffer und Zucker würzen, mit dem Geflügelfond aufgiessen und etwa 30 Minuten kochen lassen. Pürieren und nochmals mit Salz, Pfeffer sowie Oregano abschmecken.

Die beiden Suppen gleichzeitig vorsichtig in tiefe Teller giessen. Nach Belieben mit einem Basilikumblatt garnieren.

Kartoffelsuppe
400 g mehlig kochende Kartoffeln, geschält
1 Stange Lauch, nur heller Teil, gründlich gewaschen
60 g Butter
Salz, weisser Pfeffer aus der Mühle
300 ml Geflügelfond
1 Bund Majoran

Tomatensuppe
6 Tomaten, in grosse Stücke geschnitten
1 Zwiebel, klein geschnitten
1 Knoblauchzehe, fein gehackt
Olivenöl
Salz, Pfeffer aus der Mühle, Zucker
300 ml Geflügelfond
1 Bund Oregano, fein geschnitten

Perigordtrüffel in Portwein auf Kartoffelgalette mit grillierten Steinpilzen

Für die Kartoffelgaletten die Kartoffeln mit der Schale in Salzwasser kochen, abgiessen, schälen und mit einer Gabel gut zerdrücken. Zwiebel, Speck und Petersilie in etwas Olivenöl andünsten. Zusammen mit den Eigelben zu den zerdrückten Kartoffeln geben, mit Salz und Pfeffer abschmecken und die Kartoffelstärke darunterarbeiten. Die Kartoffelmasse zu kleinen Kuchen formen und kalt stellen. Zuletzt in geklärter Butter goldgelb braten.

Die Trüffel unter fliessendem kaltem Wasser gut abbürsten.

Den Portwein um die Hälfte einkochen, mit dem Kalbsjus auffüllen, Lorbeerblatt und Nelke dazugeben und den Fond nochmals einkochen, bis die Sauce leicht bindet. Die Trüffel etwa 15–20 Minuten darin mitkochen. Den Fond mit Salz und Pfeffer abschmecken, durch ein Sieb passieren und die kalte Butter darunterschwenken.

Für die Steinpilze den Knoblauch mit Olivenöl und Rosmarin mischen, mit Salz und Pfeffer abschmecken. Die Steinpilzscheiben mit dem Würzöl bestreichen und von beiden Seiten grillieren.

Die Galetten auf den Tellern anrichten, mit den grillierten Steinpilzen und den Trüffeln belegen, die Portweinsauce dazu anrichten und sofort heiss servieren.

Kartoffelgaletten
4 mehlig kochende Kartoffeln
½ Zwiebel, fein geschnitten
1 Esslöffel Speckwürfelchen
1 Teelöffel Petersilie,
fein geschnitten
Olivenöl
2 Eigelb
Fleur de Sel, weisser Pfeffer
aus der Mühle
1 gehäufter Teelöffel Kartoffelstärke
geklärte Butter zum Braten

4 Perigordtrüffel à 15–20 g
200 ml Portwein
100 ml Kalbsjus
1 Lorbeerblatt
1 Nelke
10 g kalte Butter

1 Knoblauchzehe, gepresst
2–3 Esslöffel Olivenöl
1 Zweig Rosmarin, fein geschnitten
4 mittelgrosse Steinpilze,
in ½ cm dicke Scheiben geschnitten

Eiervariation

Œufs de luxe

Die Eier 6–7 Minuten kochen, abschrecken und schälen. Einen Deckel abschneiden, die Eier in Blattgold wickeln und den Kaviar darauf platzieren.

Pochierte Wachteleier mit Muskat

Das Wasser mit dem Essig aufkochen und vom Herd ziehen. Die Schale der Wachteleier aufbrechen und die Eier eines nach dem anderen ins Essigwasser gleiten lassen, etwa 4 Minuten pochieren. Herausheben und mit etwas Salz und einer Prise Muskat würzen.

Rührei mit Schnittlauch

Die Eier mit Salz und Pfeffer verrühren. Die Butter in einer Pfanne schmelzen und das Rührei zubereiten, zum Schluss den Schnittlauch dazugeben.

Œufs de luxe
4 Hühnereier
50 g Osciètre-Kaviar
4 Stücke Blattgold

Pochierte Wachteleier mit Muskat
1 l Wasser
50 ml Essig
4 Wachteleier
1 Prise Fleur de Sel
1 Prise Muskatnuss

Rührei mit Schnittlauch
4 Eier
Salz, Pfeffer aus der Mühle
40 g Schnittlauch, fein geschnitten
20 g Butter

Artischocken royale

Von den Artischocken die Stiele abbrechen, die äusseren, harten Blätter entfernen. Die Spitzen der Artischocken abschneiden, dann rundherum alle harten Teile entfernen. Damit sie sich nicht verfärben, die Artischocken sofort in das mit dem Zitronensaft vermischte Wasser legen. Nelke und Lorbeerblatt beifügen, aufkochen, salzen und etwa 20 Minuten leicht kochen lassen. Die Artischocken im Sud abkühlen lassen, dann herausheben, das Heu entfernen und vier der Artischockenböden zum Füllen beiseite legen.

Die restlichen beiden Artischockenböden klein schneiden. Mit dem Rahm, den Eigelben, Cayennepfeffer, Salz und etwas Zitronensaft mixen, zum Schluss den fein gehackten Wacholder und den geriebenen Parmesan darunterheben. Die Masse in die ausgehöhlten Artischockenböden füllen und bei 80 Grad im Steamer oder im Dämpfeinsatz über kochendem Wasser im geschlossenen Topf 20–30 Minuten garen, bis die Masse fest geworden ist. Herausnehmen, mit Rohrzucker bestreuen und diesen mit dem Bunsenbrenner oder dem Crème-brulée-Eisen karamellisieren.

Für die Vinaigrette den Kerbel mit Apfelbalsamico und Baumnussöl mischen, mit Salz und Pfeffer abschmecken. Die Vinaigrette auf die Teller verteilen und die gefüllten Artischockenböden daraufsetzen.

---

6 bretonische Artischocken
2 l Wasser
Saft von 1 Zitrone
1 Nelke
1 Lorbeerblatt
Salz

Füllung
200 ml Rahm
4 Eigelb
1 Messerspitze Cayennepfeffer
Zitronensaft
10 Wacholderbeeren, sehr fein gehackt
1 Esslöffel Parmesan, frisch gerieben
Rohrzucker

Kerbelvinaigrette
80 g frische Kerbelblätter, sehr fein geschnitten
1 Teil Apfelbalsamicoessig
2 Teile Baumnussöl
Salz, Kubebenpfeffer aus der Mühle

Schokoladen-Cappuccino mit Sabayon, Apfeltarte und Apfelsorbet

Für das Sorbet den Läuterzucker mit der Glukose aufkochen. Die Äpfel mit der Schale entsaften, mit Zitronensaft und Calvados mischen und zur Zuckermischung geben. In der Eismaschine gefrieren lassen.

Für die Apfeltarte Zucker und Wasser zu einem goldgelben Karamell kochen. Die Äpfel schälen, halbieren, das Kerngehäuse entfernen. Die Apfelhälften an der Oberfläche mit einem kleinen Messer fein einschneiden, zum Karamell geben und etwa 5 Minuten darin köcheln lassen. Die kalte Butter beigeben, unter den Karamell ziehen und die Äpfel damit glasieren.

Die Apfelhälften mit dem Karamell auf vier Förmchen verteilen. Aus dem Blätterteig 4 Rondellen, etwas grösser als die Förmchen, ausschneiden und die Äpfel damit bedecken, den Teigrand ins Innere der Förmchen legen. Im Ofen bei 210 Grad etwa 8 Minuten goldgelb backen. Aus dem Ofen nehmen und stürzen, so dass der Blätterteig den Boden bildet. Nochmals mit etwas Karamell glasieren.

Für den Cappuccino Rahm, Milch und Zucker aufkochen. Die gehackte Kuvertüre dazugeben. Die Eigelbe darunterziehen und die Masse 16–20 Minuten über dem heissen Wasserbad bei 85 Grad pochieren.

Für den Sabayon die Eigelbe mit dem Zucker in einer Schüssel über einem heissen Wasserbad schaumig schlagen. Espresso und Rum beifügen und so lange weiterschlagen, bis die Masse schön schaumig ist.

In Dessertgläser zuerst die Schokoladenmasse verteilen, dann mit dem Sabayon auffüllen. Sofort zusammen mit der Apfeltarte und dem Apfelsorbet anrichten.

Sorbet von grünem Apfel
100 ml Läuterzucker (Grundrezept)
1 Teelöffel Glukose
4 grüne Äpfel (Granny Smith)
Saft von ½ Zitrone
1 Esslöffel Calvados

Apfeltarte
200 g Zucker
100 ml Wasser
2 Äpfel
40 g Butter
100 g Blätterteig, ausgerollt

Cappuccino
200 ml Rahm
100 ml Milch
25 g Zucker
150 g Kuvertüre (Valrhôna), gehackt
3–4 Eigelb

Sabayon
2 Eigelb
50 g Zucker
1 doppelter Espresso
etwas Rum

Vorspeisen

Gänseleberstrudel mit Äpfeln in Pumpernickelmantel auf Sauternesgelee

Die Gänseleber der Länge nach in dünne Scheiben schneiden, diese auf einem Stück Folie nahtlos aneinanderlegen. Mit Armagnac, Portwein, Salz und Pfeffer marinieren.

Die Äpfel schälen, das Kerngehäuse entfernen und das Fruchtfleisch klein würfeln. Den Zucker karamellisieren lassen, die Apfelwürfel beigeben und kurz mitkaramellisieren, mit Lebkuchengewürz abschmecken und abkühlen lassen.

Die Apfelwürfel auf die marinierten Gänseleberscheiben legen und vorsichtig zu einer Roulade aufrollen. Fest in die Folie wickeln und 1 Stunde kalt stellen.

Die Pumpernickelscheiben im Mixer fein mahlen. Die Gänseleberoulade aus der Folie wickeln und darin panieren. In vier Portionen schneiden.

Für das Gelee den Geflügelfond mit dem Sauternes erhitzen, die eingeweichte, ausgedrückte Gelatine darin auflösen. Vier Teller mit dem Gelee ausgiessen und im Kühlschrank fest werden lassen. Die Rouladenstücke auf den Tellern anrichten.

400 g Gänseleber
2 Esslöffel Armagnac
2 Esslöffel alter Portwein
Salz, Pfeffer aus der Mühle
2 Äpfel
30 g Zucker
1 Prise Lebkuchengewürz
100 g Pumpernickel

Sauternesgelee
100 ml kräftiger Geflügelfond
200 ml Sauternes
2 Blatt Gelatine, eingeweicht

Gänseleberterrine im Rieslinggelee mit Schokoladenbrioche

Von der Gänseleber die äussere Haut entfernen, dann die Leberlappen auseinanderbrechen und die Äderchen entfernen. Die Leber mit Portwein, Armagnac, Zucker, Salz und Pfeffer marinieren und 24 Stunden kühl stellen.

Die Terrinenform mit den Speckscheiben auslegen, die marinierte Gänseleber hineingeben und festpressen, mit den überhängenden Speckscheiben bedecken. Die Terrine in ein Wasserbad stellen und im Ofen bei 80 Grad 40 Minuten pochieren, herausnehmen und für etwa 4 Stunden in den Kühlschrank stellen. Die Terrine aus der Form stürzen, den Speck entfernen, die Gänseleber auf ein Stück Backpapier legen und mit diesem zu einer Rolle formen. Nochmals kalt stellen.

Für das Rieslinggelee 100 ml Geflügelfond leicht erwärmen, die eingeweichte, ausgedrückte Gelatine darin auflösen und mit dem Rest des Geflügelfonds und dem Riesling mischen. Eine Gratinform oder eine andere Form mit hohem Rand mit einer hauchdünnen Schicht Gelee ausgiessen und kalt stellen, damit sie fest wird. Die Gänseleberrolle in acht gleichmässige Scheiben schneiden und diese in 2 cm Abstand nebeneinander auf das fest gewordene Gelee setzen. Den Rest des Gelees in die Form füllen, so dass es die Gänseleber knapp bedeckt. 4–5 Stunden kalt stellen und fest werden lassen.

Die Schokolade mit dem Rahm über einem heissen Wasserbad schmelzen und erkalten lassen.

Die Brioche in ½ cm dicke Scheiben schneiden, mit der Schokoladenmasse bestreichen und jeweils wie zu einem Sandwich aufeinanderlegen, die Ränder abschneiden und die Schokoladenbrioches diagonal halbieren. Kurz vor dem Servieren unter dem Backofengrill leicht toasten.

Mit einem runden Ausstecher die Gänseleber so ausstechen, dass rund herum eine dünne Schicht Gelee ist. Auf Teller setzen und die Schokoladenbrioches dazulegen.

Für eine Terrinenform von 1 Liter Inhalt (für 8 Personen)

Terrine
1 Gänseleber von ca. 1 kg
3 Esslöffel weisser Portwein
2 Esslöffel Armagnac
1 Teelöffel Zucker
Salz, weisser Pfeffer aus der Mühle
200 g fetter Speck,
in dünnen Scheiben

Rieslinggelee
½ l Geflügelfond
12 Blatt Gelatine, eingeweicht
½ l Riesling Auslese süss

Brioche
300 g Schokolade (Valrhôna)
mit 72% Kakaoanteil
200 ml Rahm
1 Brioche (Grundrezept),
in Kastenform gebacken

Kalbstatar auf Reibekuchen mit Osciètre-Kaviar

Das Kalbfleisch mit Salz, Pfeffer und Zitronensaft würzen. Schalotte und Schnittlauch, dann das Olivenöl daruntermischen. Das Tatar in kleine Metallringe füllen und kühl stellen.

Die rohen Kartoffeln fein reiben, die Zwiebel ebenfalls dazureiben, etwas von der von den Kartoffeln abgegebenen Flüssigkeit abschütten, das Ei dazugeben und alles gut mischen, mit Salz und Pfeffer abschmecken. Aus der Kartoffelmasse in sehr heissem Fett kleine Kuchen ausbacken und diese anschliessend auf Küchenpapier legen.

Den Sauerrahm mit Salz, Pfeffer und Zitronensaft mischen, dann den Schnittlauch daruntermischen.

Die Reibekuchen nach Belieben zurechtschneiden und auf Teller setzen. Das Kalbstatar mit Kaviar bedecken und darauf platzieren. Etwas Schnittlauch-Sauerrahm dazugeben.

Tatar
160 g Kalbsfilet, sehr fein gewürfelt
Fleur de Sel, schwarzer tasmanischer Pfeffer aus der Mühle
abgeriebene Schale und Saft von 1 Zitrone
1 Schalotte, fein geschnitten
20 g Schnittlauch, fein geschnitten
4–5 Esslöffel Olivenöl
100 g Osciètre-Kaviar

Reibekuchen
2 Kartoffeln, geschält, gewaschen
½ Zwiebel
1 Ei
Salz, Pfeffer aus der Mühle
Schweinefett zum Braten

Schnittlauch-Sauerrahm
100 ml Sauerrahm
Salz, Pfeffer aus der Mühle
etwas Zitronensaft
50 g Schnittlauch, fein geschnitten

Ravioli mit Schmorbratenfüllung

Die Rindsschulter mit Salz und Pfeffer würzen und in Olivenöl anbraten. Karotte, Zwiebel und Sellerie dazugeben und kurz mitrösten. Das Öl abgiessen, das Tomatenmark dazugeben und ebenfalls kurz mitrösten, mit dem Rotwein ablöschen und diesen kurz einkochen lassen, dann mit dem Kalbsjus auffüllen. Den Braten rund 2 Stunden im Ofen bei 120 Grad schmoren lassen. Eine halbe Stunde vor Ende der Garzeit die Kräuter, den Knoblauch und die Champignons dazugeben.

Das Fleisch herausnehmen, die Sauce durch ein Sieb passieren. Das Fleisch zusammen mit dem Schinken und dem Speck durch die feine Scheibe des Fleischwolfs drehen.

Den Spinat blanchieren, abschütten und gut ausdrücken. In einer Sauteuse in Butter andünsten, mit Salz und Pfeffer würzen. Mit einem Messer fein hacken und unter die Fleischmasse mischen. Die Fleischmasse in einer Pfanne in Olivenöl anbraten, 80 g Parmesan dazugeben und kurz weiterbraten, mit den Eigelben binden, nochmals abschmecken und kalt stellen.

Den Ravioliteig hauchdünn zu zwei Rechtecken ausrollen. Mit einem Löffel kleine Portionen Fleischfüllung auf der einen Teigfläche verteilen, mit der zweiten Teigplatte bedecken, den Teig rund um die Füllungen gut andrücken und mit einem Ausstecher Ravioli ausstechen. Diese am Rand nochmals gut zusammendrücken.

Die Ravioli in der kochenden Geflügelbouillon garen, herausnehmen, abtropfen lassen und auf Teller verteilen.

Die Tomatenwürfel in etwas Olivenöl andünsten, mit Salz und Pfeffer würzen und über die Ravioli verteilen. Mit dem restlichen Parmesan bestreuen und im Ofen mit Oberhitze kurz überbacken.

Inzwischen die Butter in einem Pfännchen braun werden lassen, den Salbei dazugeben und über die Ravioli träufeln. Nach Belieben mit Salbeiblüten garnieren.

300 g Rindsschulter
Salz, Pfeffer aus der Mühle
Olivenöl zum Anbraten
1 Karotte, gebürstet, klein geschnitten
1 Zwiebel, klein geschnitten
½ Sellerieknolle, geschält, klein geschnitten
1 Esslöffel Tomatenmark
1 l Rotwein
1 l Kalbsjus
1 Bund Petersilie
einige Zweige Thymian
einige Zweige Salbei
1 Zweig Rosmarin
4 Knoblauchzehen
50 g Champignons

100 g gekochter Schinken
50 g Rauchspeck
100 g Spinat
Butter und Olivenöl zum Braten
100 g Parmesan, frisch gerieben
4 Eigelb
2 Tomaten, gehäutet, geviertelt, entkernt, gleichmässig gewürfelt

Ravioliteig (siehe Nudelteig, Grundrezept)
1 l Geflügelbouillon

40 g Butter
4 Blätter Salbei, ganz oder klein geschnitten

Himmel und Erde an Portweinjus und Foie gras

Die Äpfel schälen, halbieren und das Kerngehäuse grosszügig entfernen. Den Weisswein mit dem Zucker erhitzen und die Apfelhälften darin zugedeckt etwa 5 Minuten dünsten.

Die Gänseleber in vier Teile schneiden und in einer leer erhitzten beschichteten Bratpfanne schnell von beiden Seiten Farbe annehmen lassen, auf Küchenpapier legen und mit Salz und Pfeffer würzen.

Die Apfelhälften mit der Gänseleber füllen. Die Äpfel rundherum mit Kartoffelpüree bestreichen und im vorgeheizten Ofen 7 Minuten überbacken.

Die Gänseleberscheiben in derselben Pfanne in etwas Traubenkernöl auf jeder Seite 2 Minuten braten, dann auf Küchenpapier legen. Das Fett aus der Pfanne abgiessen. Den Portwein zugiessen und mit Kalbsjus auffüllen, das Ganze um die Hälfte einkochen. Eine Butterflocke dazugeben und einschwenken.

Die Sauce auf die vorgewärmten Teller giessen, je eine Apfelhälfte daraufsetzen und die gebratene Gänseleber dazulegen.

2 Äpfel
100 ml Weisswein
2 Teelöffel Zucker
80 g frische Gänseleber, geputzt
Salz, Pfeffer aus der Mühle
ca. 100 g Kartoffelpüree (siehe Seite 140)

4 Scheiben Gänseleber (60 g) zum Braten
Traubenkernöl zum Braten
100 ml Portwein
4 Esslöffel Kalbsjus
etwas Butter

Fisch und Krustentiere

Millefeuille von Thunfisch und Cocobohnen

Die Bohnen in Salzwasser blanchieren, dann in Eiswasser abschrecken. In etwas Olivenöl andünsten, mit Bohnenkraut, Salz und Pfeffer abschmecken und auf Küchenpapier legen.

Die Kartoffelscheiben ebenfalls blanchieren, auf ein Tuch legen, abkühlen lassen, dann salzen und in Olivenöl goldgelb braten.

Die Tomatenwürfel mit Essig, Öl, Salz, Pfeffer und Zucker mischen.

Beginnend mit einer Kartoffelscheibe, dann Bohnen, Thunfisch und wiederum Bohnen aufeinanderschichten, mit einer Scheibe Thunfisch abschliessen. Mit Salz und Pfeffer würzen.

Die Tomatenvinaigrette auf die Teller verteilen und das Thunfisch-Millefeuille daneben platzieren.

240 g Cocobohnen
Olivenöl zum Braten
1 Zweig Bohnenkraut, fein geschnitten
Fleur de Sel, tasmanischer Pfeffer aus der Mühle
1 grosse Kartoffel, geschält, in 4 gleichmässige Scheiben in der Grösse des Thunfischs geschnitten

Tomatenvinaigrette
4 Tomaten, gehäutet, entkernt, klein gewürfelt
1 Esslöffel Estragonessig
3 Esslöffel Olivenöl
1 Messerspitze Zucker

320 g Thunfischfilet, in 8 gleichmässige Scheiben geschnitten

Langustinenschwänze mit wildem Spargel an Peperonicoulis

Für das Peperonicoulis Schalotten, Knoblauch und Chili in der Hälfte des Olivenöls andünsten, die Peperoni dazugeben, mit Salz und Pfeffer würzen und mit dem Geflügelfond auffüllen. Kurz zu einer dickflüssigen Konsistenz einkochen. Zum Schluss das restliche Olivenöl daruntermixen, mit Zitronensaft abschmecken.

Die Kartoffeln mit einem runden Ausstecher in Form schneiden, in der Mitte mit einem Apfelausstecher ein Loch stechen. Die Kartoffeln in Salzwasser blanchieren, herausnehmen, abtropfen lassen und in Olivenöl goldgelb braten.

Den Spargel in Salzwasser blanchieren und in Eiswasser abschrecken, dann mit Salz und Zucker bestreut in Olivenöl andünsten, etwas Wasser dazugeben und weich garen, so dass er aber noch etwas Biss hat.

Die Langustinen mit Salz, Pfeffer und Zitronensaft würzen. In Olivenöl von jeder Seite 1 Minute braten.

Den Spargel in die ausgehöhlten Kartoffeln stellen und zusammen mit den Langustinenschwänzen anrichten. Mit Peperonicoulis und Kürbiskernöl garnieren.

Peperonicoulis
2 Schalotten, klein geschnitten
1 Knoblauchzehe, klein geschnitten
½ Chilischote, entkernt, klein geschnitten
100 ml Olivenöl
1 Peperoni (Paprika), geschält, entkernt, gewürfelt
Salz, Pfeffer aus der Mühle
100 ml Geflügelfond
1 Messerspitze Safran
etwas Zitronensaft

4 Kartoffeln, geschält
160 g wilder Spargel
Salz, Zucker
Olivenöl extra vergine
8 Langustinenschwänze, ausgelöst, Darm entfernt
Pfeffer aus der Mühle, Zitronensaft
1 Esslöffel Kürbiskernöl

Seeteufelfilet, am Stück gebraten, auf Schnittlauch

Die Hühnereier 10 Minuten kochen. Die Eigelbe auslösen, durch ein Sieb streichen und mit dem Senf vermischen. Den Himbeeressig dazugeben, dann das Nussöl langsam darunterrühren, eventuell mit etwas Wasser verdünnen, mit Salz und Pfeffer abschmecken. Zuletzt den Schnittlauch darunterheben. Das Eiweiss in feinste Würfelchen schneiden und ebenfalls darunterheben.

Die Seeteufeltranchen mit Salz und Pfeffer würzen, in Olivenöl auf jeder Seite 2 Minuten braten, dann warm stellen.

Aus den Wachteleiern Spiegeleier braten.

Mit der Schnittlauchvinaigrette einen Ring auf den Tellern bilden, den gebratenen Seeteufel darauf anrichten. Das Kartoffelpüree dazusetzen und das Wachtelspiegelei darauflegen.

Schnittlauchbett
2 Hühnereier
1 Teelöffel Senf
1 Esslöffel Himbeeressig
3 Esslöffel Nussöl
Salz, Pfeffer aus der Mühle
1 Bund Schnittlauch,
in feine Röllchen geschnitten

4 kleine Seeteufeltranchen à 80 g,
küchenfertig
Olivenöl zum Braten
4 Wachteleier
4 Esslöffel Kartoffelpüree (siehe Seite 140)

Sautierte Rotbarbe auf karamellisiertem Artischockenflan

Aus dem Wasser, Zwiebel, Knoblauch, Sellerie, Salz, Pfeffer, 10 Wacholderbeeren und dem Zitronensaft einen Sud herstellen.

Von den Artischocken die Blätter wegschneiden, die Artischockenböden rund zurechtschneiden (darauf achten, dass kein Grün mehr daran ist) und sofort in den Sud geben. Rund 20 Minuten darin weich kochen, im Sud auskühlen lassen, dann herausnehmen, das Heu entfernen. Drei der Artischockenböden zusammen mit etwas Fond im Mixer pürieren, durch ein Sieb streichen, mit Salz und Pfeffer abschmecken und die beiden verbliebenen gehackten Wacholderbeeren beigeben. Eier, Eigelbe und Parmesan daruntermischen. Die letzte Artischocke für die Garnitur längs vierteln.

Den Zucker in einer Pfanne goldgelb karamellisieren und damit den Boden von vier kleinen ausgebutterten Förmchen bedecken, die Artischockenmasse einfüllen. Die Förmchen in ein Wasserbad stellen und im Ofen bei 90 Grad etwa 1 Stunde pochieren.

Die Rotbarbenfilets in Olivenöl kurz von beiden Seiten anbraten, herausnehmen und warm stellen. Weisswein und Noilly Prat in die Pfanne geben und einkochen, mit Salz, Pfeffer und Zitronensaft abschmecken.

Die Artischockenflans kurz in heisses Wasser tauchen, mit einem Messer vom Rand lösen und auf die Teller stürzen. Die Rotbarben und je einen Artischockenviertel dazulegen. Die Teller nach Belieben mit Weissweinfond, Balsamicoessig und Olivenöl ausgarnieren.

Artischockenflan
1 l Wasser
1 Zwiebel, klein geschnitten
4 Knoblauchzehen, klein geschnitten
½ Sellerieknolle, geschält, klein geschnitten
Salz, Pfeffer aus der Mühle
12 Wacholderbeeren
Saft von 1 ½ Zitronen
4 mittelgrosse Artischocken
2 Eier
3 Eigelb
50 g Parmesan
60 g Zucker
Butter für die Förmchen

4 Rotbarbenfilets (Rouget)
Olivenöl
50 ml Weisswein
2 Esslöffel Noilly Prat (trockener Wermut)
wenig Zitronensaft

Saiblingsfilet mit Ingwer auf Gurken-carpaccio und Passionsfruchtvinaigrette

In das Saiblingsfilet längs eine Tasche schneiden, aber nicht ganz durchschneiden. Das Innere mit Fleur de Sel und Kubebenpfeffer würzen.

Den Ingwer in einem Sud aus Wasser, Essig, Honig und Salz weich kochen, abtropfen lassen. Den Ingwer in das Saiblingsfilet füllen und dieses wieder zusammenklappen. Das Fischfilet mit Salz und Pfeffer würzen und in einer beschichteten Pfanne von beiden Seiten anbraten, warm stellen.

In der Zwischenzeit die Passionsfrüchte halbieren, das Fruchtfleisch in eine Schüssel kratzen, mit Essig, Öl, Salz und Pfeffer eine Vinaigrette herstellen, den Koriander dazugeben.

Die Gurkenscheiben auf den Tellern auslegen, mit der Passionsfrucht-vinaigrette überziehen. Das Saiblingsfilet in vier Teile schneiden und auf das Carpaccio setzen. Nach Belieben mit der getrockneten oder knusprig gebratenen Haut des Saiblings garnieren.

---

320 g Saiblingsfilet ohne Haut
Fleur de Sel,
Kubebenpfeffer aus der Mühle
40 g Ingwer, geschält,
in hauchdünne Scheiben geschnitten
100 ml Wasser
2 Esslöffel Essig
2 Esslöffel Honig
Salz

Passionsfruchtvinaigrette
4 Passionsfrüchte
heller Fruchtessig
Olivenöl
½ Bund Koriander, fein geschnitten

1 Salatgurke, geschält,
in dünne Scheiben geschnitten

Rotbarbe auf grillierter Aubergine

Die grillierten Auberginenscheiben in vier Metallringe setzen.

Oliven, Kapern, Sardelle, Knoblauch, Petersilie und Olivenöl von Hand oder im Cutter sehr fein hacken. Die Auberginenscheiben damit bestreichen. Die Rotbarbenscheiben daraufsetzen, mit Salz und Pfeffer würzen und im 140 Grad heissen Ofen etwa 8 Minuten backen.

Die Teller mit etwas Olivenöl beträufeln, auf das Olivenöl den Balsamicoessig tröpfeln und die Auberginen-Rotbarben-Törtchen daraufsetzen, die Metallringe entfernen.

4 Scheiben Aubergine, grilliert
50 g schwarze Oliven, entsteint
1 Teelöffel Kapern
1 Sardelle
1 Knoblauchzehe
1 Bund Petersilie
2 Esslöffel Olivenöl extra vergine
4 Rotbarbenfilets (Rouget), in Scheiben geschnitten
Salz, Pfeffer aus der Mühle

Olivenöl
2 Teelöffel Balsamicoessig

Sandwich vom Lachs mit Randenchutney

Das Lachsfilet mit Salz, Pfeffer und Zitronensaft würzen. Die Briochescheiben mit dem Meerrettichsenf bestreichen. Das Lachsfilet in vier gleich grosse Teile schneiden und auf vier Briochescheiben legen, mit den anderen vier Scheiben bedecken.

Die Eier kurz aufschlagen, mit den Kräutern mischen und leicht salzen. Die Brioche-Lachs-Sandwiches darin wenden und in einer Bratpfanne in geschmolzener Butter goldgelb braten.

Für das Chutney in einem Topf den Weisswein mit Essig, Honig, Knoblauch, Kümmel, Salz und Pfeffer aufkochen. Zuerst die Randenwürfel dazugeben und halb weich kochen, dann die Zwiebelwürfel beifügen und fast fertig garen. Zum Schluss die Apfelwürfel dazugeben, alles nochmals aufkochen und mit dem frisch geriebenen Meerrettich abschmecken.

Das Lachssandwich zusammen mit dem Randenchutney auf den Tellern anrichten.

320 g Lachsfilet
Salz, weisser Pfeffer aus der Mühle, Zitronensaft
8 Scheiben Brioche
wenig scharfer Senf
2 Eier
je 1 Teelöffel Basilikum, Petersilie, Schnittlauch, Kerbel, Dill, fein geschnitten
Butter zum Braten

Randenchutney
100 ml Weisswein
etwas Himbeeressig
40 g Honig
1 Knoblauchzehe, gepresst
1 Teelöffel Kümmel
1 grosse Rande (Rote Bete), geschält, gewürfelt
1 Zwiebel, gewürfelt
1 Apfel, geschält, gewürfelt
20 g frisch geriebener Meerrettich, falls nötig mit etwas Wasser

Kabeljaurückenfilet mit Meerrettichkruste auf Lauchvinaigrette mit Lauchterrine

Zuerst die Lauchterrine zubereiten: Dazu eine Lauchstange längs einschneiden, in Blätter zerteilen, diese kurz blanchieren, dann in Eiswasser abschrecken, auf einem sauberen Küchentuch auslegen und trockentupfen. Eine kleine Terrinenform (ca. ¼ l Inhalt) mit Folie auskleiden und mit den Lauchblättern auslegen. Die restlichen vier Lauchstangen in Salzwasser weich kochen, in Eiswasser abschrecken, trockentupfen und auf die Länge der Terrinenform zurechtschneiden. Die ganzen Stangen in die Terrinenform geben und fest pressen, mit dem überstehenden Teil der Lauchblätter bedecken, den Deckel auflegen und beschweren. Etwa 4 Stunden kühl stellen. Die Terrine aus der Form stürzen und mit einem sehr scharfen Messer in Scheiben schneiden.

Für die Lauchvinaigrette aus dem Lauch 1 cm grosse Rauten schneiden, diese in Salzwasser kurz blanchieren, dann in Eiswasser abschrecken. Die Reste des Lauchs im selben Kochwasser weich kochen, mixen und durch ein feines Sieb streichen. Die Lauchrauten in Olivenöl kurz erhitzen, mit Sherryessig ablöschen, den pürierten Lauchfond dazugeben, kurz aufkochen, mit Salz und Pfeffer abschmecken.

Den Kabeljau mit Salz und Pfeffer würzen, auf einer Seite mit Senf bestreichen, mit Mehl bestäuben und in etwas heissem Olivenöl auf jeder Seite etwa 5 Sekunden anbraten. Herausnehmen und abkühlen lassen.

Die Butter erhitzen, Brotbrösel, Meerrettich und Petersilie dazugeben und kurz durchschwenken, mit Salz und Pfeffer abschmecken. Die Masse auf die Senfseite der Kabeljaufilets streichen und diese kurz vor dem Servieren im Ofen mit Oberhitze goldgelb überbacken.

Die Lauchterrine mit einem scharfen Messer in Tranchen schneiden. Die Lauchvinaigrette auf die Teller verteilen, den gratinierten Kabeljau daraufsetzen, die Terrine dazusetzen und etwas Vinaigretteflüssigkeit auf die Teller träufeln.

Lauchterrine
5 Stangen Lauch, gründlich gewaschen

Lauchvinaigrette
2 Stangen Lauch, längs halbiert, gewaschen
2 Esslöffel Olivenöl
etwas Sherryessig

400 g Kabeljaurückenfilet, in 4 gleichmässige Stücke geschnitten
Salz, Pfeffer aus der Mühle
1 Teelöffel mittelscharfer Senf
1 Esslöffel Mehl
30 g Butter
50 g Brotbrösel, ohne Rinde
50 g frisch geriebener Meerrettich
1 Bund Petersilie, fein geschnitten
Olivenöl

1 Esslöffel alter Balsamicoessig

Praliné von Langustinen im grünen Reismantel

Den gut gekühlten Zander mit Salz, Pfeffer, Zitronensaft und Eiweiss im Cutter pürieren, dabei den Rahm langsam dazugiessen. Zu einer homogenen Masse verarbeiten, nochmals abschmecken und durch ein feines Sieb streichen.

Die Langustinen würzen, mit der Fischfarce bestreichen und mit dem grünen Reis panieren. Im 180 Grad heissen Öl schwimmend ausbacken.

Nach Belieben auf einem Zucchetti-Auberginenkaviar-Törtchen anrichten. Dazu nach dem Grundrezept einen Auberginenkaviar zubereiten. Eine Zucchetti längs in vier feine Scheiben schneiden oder feine Zucchettirädchen überlappend zu einem Längsstreifen übereinanderlegen, mit Auberginenkaviar belegen, einrollen und gut andrücken.

Das Zucchetti-Auberginenkaviar-Törtchen auf die Teller setzen und das frittierte Langustinen-Praliné darauf anrichten. Erdnussöl und Orangensaft mixen und die Teller damit beträufeln.

Fischfarce
100 g Zanderfilet, gut gekühlt
Salz, Pfeffer aus der Mühle, Zitronensaft
1 Eiweiss
100 ml Vollrahm

4 Langustinen ohne Schale à 50 g
50 g grüner Reis
(vietnamesische Spezialität: unreife,
grüne Reiskörner, gewalzt und getrocknet)
Frittieröl

nach Belieben Auberginenkaviar
(Grundrezept)
2 Esslöffel geröstetes Erdnussöl
1 Esslöffel Orangensaft

Grilliertes Steinbuttfilet mit Zimt-Sternanis-Sauce

Für die Sauce Weisswein, Schalotte, Nelke, Lorbeer, Zimt, Sternanis und Koriander sirupartig einkochen, durch ein Sieb passieren. Dann in einer Schüssel zusammen mit den Eigelben über einem heissen Wasserbad schaumig aufschlagen, die warme Butter nach und nach darunterrühren, mit Zitronensaft, Cayennepfeffer und Salz abschmecken.

Die Steinbuttfilets mit Salz, Pfeffer und Zitronensaft würzen, mit Mehl bestäuben und in der Grillpfanne von jeder Seite etwa 3–4 Minuten grillieren, anschliessend noch 2–3 Minuten warm stellen.

Die Steinbuttfilets auf die Teller verteilen und die Zimt-Sternanis-Sauce dazusetzen.

Zimt-Sternanis-Sauce
100 ml Weisswein
1 Schalotte, klein gewürfelt
1 Nelke
1 Lorbeerblatt
1 Teelöffel Zimt
8 Sternanis
3 Zweige Koriander, gezupft
2 Eigelb
100 ml geklärte Butter, warm
etwas Zitronensaft
1 Messerspitze Cayennepfeffer

400 g Steinbuttfilets
Salz, Pfeffer aus der Mühle, Zitronensaft
etwas Mehl

Zanderfilet, auf der Haut gebraten, auf Rahmspinat

Das Zanderfilet mit Salz und Pfeffer würzen und in Olivenöl auf der Hautseite braten, bis die Haut knusprig wird, umdrehen und 1 Minute weiterbraten, herausnehmen und warm stellen.

Den Spinat mit Schalotten und Knoblauch in der Butter andünsten, mit dem Weisswein ablöschen und die Flüssigkeit einkochen. Den Spinat aus der Pfanne nehmen und mit einem grossen Messer fein hacken, zurück in die Pfanne geben, den Rahm dazugiessen, kurz aufkochen und mit Salz, Pfeffer und Muskat abschmecken.

Für die Rotweinessenz den Rotwein mit Schalotten, Lorbeerblatt, Nelke, Champignons, Petersilienstengeln und Oregano aufkochen und so lange köcheln lassen, bis nur noch eine sirupartige Flüssigkeit übrig ist. Durch ein Sieb passieren, die Rückstände gut ausdrücken. Die kalte Butter darunterschwenken und mit Salz und Pfeffer abschmecken.

Auf die Teller jeweils ein Spinatbett legen, den Zander darauf anrichten und mit der Rotweinessenz umgiessen.

480 g Zanderfilet mit Haut,
in 4 gleich grosse Stücke geteilt
Salz, Pfeffer aus der Mühle
Olivenöl zum Braten

Rahmspinat
200 g Blattspinat
2 Schalotten, fein gewürfelt
1 Knoblauchzehe, fein gehackt
Butter zum Dünsten
50 ml Weisswein
100 ml Rahm
etwas Muskatnuss

Rotweinessenz
500 ml Burgunder Rotwein
3 Schalotten, fein gewürfelt
1 Lorbeerblatt
1 Nelke
40 g Champignons, fein geschnitten
½ Bund Petersilie
1 Bund Oregano
40 g kalte Butter

Darne vom Wolfsbarsch auf Kalbskopf mit gefüllter Tomate

Den Spinat in der Butter kurz dünsten, mit Knoblauch, Sardelle, Salz, Pfeffer und Muskat würzen. In die ausgehöhlten Tomaten füllen. Diese vor dem Servieren im Backofen bei 160 Grad etwa 5 Minuten erhitzen.

Den Wolfsbarsch mit Salz, Pfeffer und Zitronensaft würzen. In heissem Olivenöl von beiden Seiten braten, bei 80 Grad warm stellen.

Die Zutaten zur Vinaigrette verrühren.

Die Kalbskopfscheiben auf vorgewärmte Teller legen. Den Wolfsbarsch dazu anrichten, die gefüllten Tomaten dazulegen. Fisch und Kalbskopf mit der Vinaigrette beträufeln.

Gefüllte Tomaten
200 g junger Spinat
20 g Butter
1 Knoblauchzehe, gepresst
1 Sardelle, klein gewürfelt
Salz, Pfeffer aus der Mühle
1 Prise Muskatnuss
2 Tomaten, halbiert, ausgehöhlt

4 Darnes (Scheiben) Wolfsbarsch, je ca. 80 g
Zitronensaft
Olivenöl
200 g Kalbskopf, gekocht (Grundrezept), in dünne Scheiben geschnitten

Vinaigrette
3 Esslöffel Baumnussöl
1 Esslöffel Apfelessig
Salz, Pfeffer aus der Mühle

Champagnerrisotto mit Randensprossen und Rotbarbe

In einem Topf das Olivenöl erhitzen, die Zwiebel darin andünsten, ohne sie Farbe annehmen zu lassen. Den Reis dazugeben und kurz glasieren. Dann die Hitze erhöhen, mit dem Weisswein ablöschen und mit ¼ Liter Geflügelfond aufgiessen, kochen lassen, bis fast alle Flüssigkeit aufgesogen ist. Dann wieder etwas Fond dazugeben und weiter kochen; dies so lange wiederholen, bis der Geflügelfond aufgebraucht ist. Nach 20–30 Minuten sollte der Reis weich sein, aber noch Biss haben. Den Topf vom Herd nehmen und zuerst die kalte Butter, dann den geriebenen Parmesan darunterziehen. Zum Schluss den Champagner und die Randensprossen dazugeben. Der Risotto sollte leicht flüssig sein. Mit Salz und Pfeffer abschmecken.

Die Rotbarben mit Salz und Pfeffer würzen und in einer beschichteten Pfanne in etwas Olivenöl auf jeder Seite 3–4 Minuten braten.

Den Risotto in tiefen Tellern anrichten, die Rotbarben daraufsetzen und mit Randensprossen bestreuen.

Risotto
2 Esslöffel Olivenöl
1 kleine Zwiebel, gewürfelt
160 g Risottoreis (Vialone)
100 ml trockener Weisswein
1 l Geflügelfond
40 g Butter
60 g alter Parmesan, frisch gerieben
50 ml Champagner
1 Esslöffel Randensprossen
Salz, Pfeffer aus der Mühle

4 ganze Rotbarben (Rougets) à ca. 250 g, geschuppt, ausgenommen, ohne Kopf
Olivenöl
Randensprossen als Garnitur

Steinbuttfilet, auf der Haut gebraten, mit Tamarillokompott

Für das Tamarillokompott Weisswein, Sternanis, Kardamom, Orangensaft, Zucker und Salz so lange einkochen, bis ein leicht gebundener Fond entstanden ist. Die Tamarillos beigeben und 2 Minuten darin erhitzen. Mit Sherry, Tabasco und Kubebenpfeffer abschmecken, die kalte Butter darunterziehen.

Den Steinbutt mit Salz und Pfeffer würzen. In einer beschichteten Pfanne Olivenöl erhitzen und den Steinbutt zusammen mit den Salbeiblättern darin goldgelb braten.

Die Steinbutttranchen auf dem Tamarillokompott anrichten und etwas Balsamicoessig auf die Teller träufeln.

Tamarillokompott
½ l Weisswein
3 Sternanis
2–3 Kardamomkapseln
50 ml Orangensaft
etwas Zucker, Salz
4 Tamarillos (Baumtomaten), geschält, in Schnitze geschnitten
50 ml Sherry
1 Spritzer Tabasco
Kubebenpfeffer aus der Mühle
20 g Butter

800 g Steinbutt, entgrätet, mit der weissen Haut, in 4 gleich grosse Teile geschnitten
Salz, Pfeffer aus der Mühle
Olivenöl
4 Salbeiblätter
Balsamicoessig

Atlantikseezunge mit Datteltomaten und Kapernäpfeln

Die Seezungen mit Salz, Pfeffer und Zitronensaft würzen, im Mehl wenden und in Olivenöl von beiden Seiten goldgelb braten.

Die Kartoffeln in Salzwasser blanchieren, abschütten und in Olivenöl anbraten.

Den Kalbsjus aufkochen und den Balsamicoessig dazugeben.

Die Tomaten halbieren, zusammen mit Kapernäpfeln, Oliven und Salbei in Olivenöl kurz sautieren, mit Salz und Pfeffer abschmecken. Die Zitronenfilets dazugeben.

Die Seezungen auf die Teller geben, die Tomaten-Kapern-Zitronen-Mischung und die Kartoffeln darauf verteilen, die Sauce dazugiessen.

---

4 Seezungen ohne Haut,
küchenfertig (ca. 600 g)
Salz, Pfeffer aus der Mühle
Zitronensaft
1 Esslöffel Mehl
Olivenöl zum Braten

6 Kartoffeln, gleichmässig in Form
(z.B. in Champignonform) geschnitten
100 ml Kalbsjus
2 Esslöffel Balsamicoessig
12 Datteltomaten, gehäutet
12 Kapernäpfel
8 schwarze Oliven
12 Salbeiblätter
1 Zitrone, geschält, Filets ausgelöst

Petersfisch auf geschmortem Radicchio mit Pinienkernen und Rosinen

Den Petersfisch in Olivenöl von beiden Seiten anbraten, aus der Pfanne nehmen und warm stellen. Den Weisswein in die Pfanne giessen, aufkochen und mit dem Geflügelfond auffüllen, einkochen und mit Salz, Pfeffer und Zitronensaft abschmecken. Anschliessend den Petersfisch wieder dazugeben und abseits vom Herd ziehen lassen. Die gerösteten Pinienkerne zum Fisch geben.

Den Radicchio in etwas Olivenöl kurz andünsten, den Zucker dazugeben und karamellisieren lassen, mit Weisswein und Geflügelfond ablöschen, den Essig dazugeben, mit Salz und Pfeffer abschmecken und zugedeckt etwa 10 Minuten dünsten, zuletzt die Rosinen dazugeben.

Den Radicchio auf die Teller verteilen, mit dem Fond übergiessen, das Petersfischfilet daraufsetzen und mit dem Fond überziehen.

600 g Petersfischfilet mit Haut
Olivenöl
100 ml Weisswein
50 ml Geflügelfond
Salz, Pfeffer aus der Mühle
Zitronensaft
40 g Pinienkerne, trocken geröstet

Geschmorter Radicchio
2 Köpfe Radicchio trevisano, in Blätter zerteilt
etwas Zucker
100 ml Weisswein
50 ml Geflügelfond
1 Esslöffel Apfelessig
1 Esslöffel Rosinen

Rochenflügel poëliert mit zweierlei Bohnen

Die Rochenflügelfilets mit Salz, Pfeffer und Zitronensaft würzen, mit Mehl bestäuben und in heissem Olivenöl goldgelb braten, herausnehmen und warm stellen. Die Pfanne entfetten, dann den Weisswein zugiessen und einkochen, mit dem Kalbsjus auffüllen und wieder um die Hälfte einkochen, mit Salz, Pfeffer und Zitronensaft abschmecken. Nun die Rochenfilets wieder hineinlegen und 2–3 Minuten darin ziehen lassen; dabei immer wieder mit dem Fond begiessen.

Die eingeweichten Resinabohnen abgiessen, mit Speck, Zwiebel, Knoblauch, Nelke, Lorbeerblatt und Bohnenkraut im frischen Wasser aufkochen und zugedeckt etwa 45 Minuten ziehen lassen; falls nötig etwas Wasser nachgiessen. Mit Salz und Pfeffer abschmecken.

Die Saubohnenkerne in Salzwasser blanchieren, dann abgiessen (sie sollten noch Biss haben). In der erhitzten Butter schwenken, mit Salz und Pfeffer abschmecken.

Die Bohnen auf die Teller verteilen, die Rochenflügel darauf anrichten und mit der Sauce überziehen.

320 g Rochenflügel ohne Gräten, in 4 Filets zu 80 g geschnitten
Salz, Pfeffer aus der Mühle
Zitronensaft
40 g Mehl
Olivenöl
100 ml Weisswein
100 ml Kalbsjus

80 g Resinabohnen (getrocknete kleine weisse Bohnen), über Nacht eingeweicht
80 g Speck, gewürfelt
½ Zwiebel, klein geschnitten
2 Knoblauchzehen, klein geschnitten
1 Nelke
1 Lorbeerblatt
1 Bund Bohnenkraut
ca. ½ l Wasser

80 g Saubohnen, geschält
½ l Wasser
20 g Butter

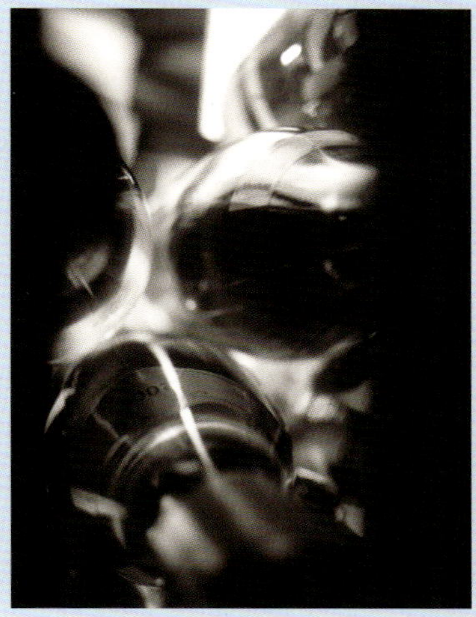

Fleisch und Geflügel

Geschmorte Kaninchenschlegel mit Limone und Gurkengemüse

Die Kaninchenkeulen mit Salz und Pfeffer würzen, im Traubenkernöl rundherum anbraten, herausnehmen und beiseite stellen. Das Fett abgiessen, dann in derselben Pfanne die Zwiebeln andünsten, mit dem Weisswein ablöschen und diesen einkochen, mit dem Kaninchen- oder Geflügelfond auffüllen, den Knoblauch und die Limonenstücke bzw. den Limonensaft dazugeben. Die Kaninchenkeulen hineinlegen und rund 45 Minuten zugedeckt schmoren. 10 Minuten vor Ende der Garzeit das Bohnenkraut beigeben.

Die Kaninchenkeulen herausnehmen und warm stellen. Die Sauce durch ein Sieb passieren und nochmals einkochen, mit Salz und Pfeffer abschmecken und eventuell noch mit etwas Limonensaft abschmecken. Zum Schluss die Limonenzesten und die Oliven dazugeben und noch 10 Minuten ziehen lassen.

In einer Sauteuse die Butter schmelzen, die Gurke dazugeben, kurz mitdünsten, mit Zucker, Salz und Pfeffer würzen, das Wasser beifügen und zugedeckt 5 Minuten schmoren. Am Schluss den Dill dazugeben.

Das Gurkengemüse auf den Tellern anrichten, die Kaninchenkeulen daraufsetzen und mit der Sauce umgiessen.

4 Kaninchenkeulen
Salz, Pfeffer aus der Mühle
Traubenkernöl zum Braten
2 Zwiebeln, fein geschnitten
100 ml Weisswein
200 ml Kaninchen- oder Geflügelfond
4–5 Knoblauchzehen
2 Limonen, von 1 Limone
fein geschnittene Zesten,
beide geschält und klein geschnitten
1 Bund Bohnenkraut, geschnitten
16 schwarze Oliven, entsteint, halbiert

Gurkengemüse
20 g Butter
1 Salatgurke, geschält, halbiert, entkernt, in gleichmässige Stücke geschnitten
1 Prise Zucker, Salz, Pfeffer aus der Mühle
2 Esslöffel Wasser
½ Bund Dill, gezupft

Spanferkelrücken an Malzbier-Balsamico-Sauce mit Kefen, Salbei und Tomaten

Das Fleisch salzen und pfeffern, die Schwarte damit gut einreiben. Das Karree mit der Schwarte nach unten in einen kalten ofenfesten Bräter legen und Traubenkernöl dazugiessen. Auf den Herd stellen und auf die höchste Stufe erhitzen, das Fleisch auf der Schwarte stark anbraten, auf der Fleischseite nur kurz. Dann das Fleisch etwa 20 Minuten im 200 Grad heissen Ofen braten. Die Schwarte mit dem Honig einreiben und im Ofen nochmals leicht karamellisieren lassen. Das Karree herausnehmen und an einem warmen Ort noch 8 Minuten ziehen lassen.

Das Fett vom Fleisch abgiessen, den Kümmel in der Bratpfanne leicht rösten, mit dem Malzbier ablöschen und dieses stark einkochen, mit dem Kalbsjus auffüllen und nochmals einkochen. Mit Salz, Pfeffer und Balsamicoessig abschmecken, mit der kalten Butter binden und die Sauce durch ein Sieb passieren.

Den Salbei in Olivenöl knusprig braten, die Tomaten dazugeben und 1 Minute mitbraten, mit Salz und Pfeffer abschmecken.

Die Kefen 2 Minuten blanchieren, in Eiswasser abschrecken und auf Küchenpapier legen. Die Butter erhitzen, die Kefen dazugeben, mit Salz, Pfeffer und etwas Zucker würzen, 1 Esslöffel Wasser dazugeben und weich dünsten.

Die Spanferkelkoteletts auf die Teller verteilen, Tomatenviertel und Salbei daraufgeben und mit den Kefen garnieren.

1 Spanferkelkarree, Rippen sauber geschabt
Salz, Pfeffer aus der Mühle
Traubenkernöl zum Anbraten
1 Esslöffel Tannenwipfelhonig oder anderer würziger Honig

Sauce
½ Mokkalöffel Kümmel
½ l Malzbier
200 ml Kalbsjus
Salz, Pfeffer aus der Mühle
4 TL Balsamicoessig
20 g Butter, kalt

Gemüsebeilage
1 Zweig Salbei
Olivenöl zum Braten
2 Tomaten, gehäutet, geviertelt, entkernt
100 g Kefen (Zuckerschoten)
etwas Zucker
20 g Butter

Geschmorte Kalbsfüsse mit Kalbsmilken an Zitronenjus

Die Kalbsfüsse in Traubenkernöl kurz anbraten, Karotten, Sellerie, Zwiebel, Lauch und Knoblauch dazugeben und ebenfalls anrösten. Das Fett abgiessen und mit dem Weisswein ablöschen, diesen sehr stark einkochen, dann mit dem Kalbsjus auffüllen. 3 Stunden zugedeckt im Ofen bei 120 Grad schmoren lassen, wenn nötig noch etwas Kalbsjus nachfüllen. 15–20 Minuten vor Ende der Garzeit Thymian und Petersilie dazugeben.

Die Kalbsfüsse herausnehmen und etwas abkühlen lassen, dann das Fleisch vom Knochen lösen, das Fett und den Knorpel entfernen, den Jus durch ein Sieb passieren.

Die Kalbsmilken in einem Sud aus kaltem Wasser, Karotte, Lauch, Sellerie, Zwiebeln, Knoblauch, alles grob geschnitten, Lorbeerblatt, Nelke, Salz, Pfeffer und etwas Zitronensaft aufkochen und rund 15 Minuten abseits vom Herd ziehen lassen. Die Milken herausnehmen und abkühlen lassen. In Tranchen schneiden und in Traubenkernöl kurz anbraten, mit Salz und Pfeffer würzen. Die Milken in die Kalbsfüsse füllen und kalt stellen.

Den Kalbsjus mit Zitronensaft, Salz und Pfeffer abschmecken.

Die gefüllten Kalbsfüsse im Ofen bei 160 Grad erhitzen, mit dem Zucker bestreuen und diesen karamellisieren.

Die Kalbsfüsse auf die Teller verteilen, mit dem Jus umgiessen. Eine Gemüsegarnitur nach Wahl zubereiten und dazugeben.

2 ganze Kalbsfüsse
Traubenkernöl zum Anbraten
2 Karotten, klein geschnitten
½ Sellerie, geschält, klein geschnitten
1 grosse Zwiebel, klein geschnitten
1 Stange Lauch, gründlich gewaschen, klein geschnitten
3 Knoblauchzehen, klein geschnitten
1 l Weisswein
300 ml Kalbsjus

320 g Herzmilken vom Kalb
1 Karotte
½ Stange Lauch
¼ Sellerieknolle
2 Zwiebeln
2 Knoblauchzehen
1 Lorbeerblatt
1 Nelke
Salz, 1 Teelöffel grob zerstossener weisser Pfeffer
1 Esslöffel Zitronensaft
Traubenkernöl zum Anbraten
Salz, Pfeffer aus der Mühle

2 Teelöffel Zucker zum Karamellisieren
einige Stengel Petersilie und Thymian

Emmentaler Kalbsbrust mit Krebsen an Meerrettichsauce

Die Kalbsbrust in kochendem Wasser blanchieren und kalt abspülen.

Aus dem Wasser mit dem Gemüse, mit Nelke, Lorbeer, Petersilie, Salz und Pfefferkörnern einen Sud herstellen, aufkochen, die Kalbsbrust hineingeben und im Ofen bei 100 Grad etwa 2 Stunden pochieren.

Das Fleisch herausnehmen und warm stellen. Den Fond durch ein Sieb passieren und um die Hälfte einkochen, den Rahm dazugeben und nochmals einkochen lassen, bis er leicht gebunden ist, durch ein Sieb passieren und mit Salz, Pfeffer und Muskat abschmecken, zum Schluss den geriebenen Meerrettich, den Zitronensaft und die kalte Butter beigeben, danach nicht mehr kochen lassen.

Die Zutaten zum Krebssud mischen und aufkochen, die Krebse dazugeben und 2 Minuten kochen, vom Herd ziehen, die Krebse herausnehmen und aus den Schalen brechen.

Die Kalbsbrust in Würfel schneiden und auf die Teller verteilen, mit der Meerrettichsauce überziehen und die Krebsschwänze darauflegen.

400 g Kalbsbrust
1 l Wasser
1 Karotte, geschält, halbiert
1 Zwiebel, halbiert
½ Knollensellerie, geschält, halbiert
1 Stange Lauch, gewaschen, halbiert
½ Knolle Knoblauch
1 Nelke
1 Lorbeerblatt
1 Bund Petersilie, ganz
Salz
1 Teelöffel weisse Pfefferkörner, zerstossen
200 ml Rahm
Pfeffer aus der Mühle, Muskatnuss
50 g geriebener Meerrettich
Saft von ½ Zitrone
20 g Butter, kalt

Krebssud
1 l Wasser
½ Stange Lauch, nur weisser Teil, gewaschen, halbiert
80 g Sellerie, geschält, klein gewürfelt
1 Karotte, ½ Fenchel, 1 Zwiebel, klein geschnitten
1 Teelöffel Kümmel
1 Gewürznelke
1 Lorbeerblatt
Salz, einige zerstossene weisse Pfefferkörner

12 Krebse

Rehfilet mit Gewürzmelonen

Die ausgelösten Rehrückenfilets mit Öl bestreichen und mit den gehackten Wacholderbeeren bestreuen.

In einer Pfanne Öl erhitzen und die Wildknochen darin gut anrösten. Das Gemüse dazugeben und einige Minuten mitdämpfen. Das Fett entfernen, Gemüse und Knochen mit dem Rotwein ablöschen, diesen einkochen lassen, dann mit dem Kalbsfond oder dem Wasser auffüllen. Erneut aufkochen, nochmals entfetten, dann die Gewürze zugeben und alles 2–3 Stunden leise kochen lassen, dabei immer wieder abschäumen. Den Fond durch ein Tuch oder ein Haarsieb passieren.

Die Rehfilets mit Salz und Pfeffer würzen, in der Butter rasch von beiden Seiten anbraten, dann etwa 5 Minuten im Ofen bei 200 Grad fertig braten, warm stellen.

Die Pfanne entfetten, den Bratensatz mit Madeira und Cognac lösen, einkochen und mit dem Wildfond auffüllen. Den Fond so lange einkochen, bis er leicht bindet. Von Feuer ziehen und mit der frischen Butter und der Holunderkonfitüre vollenden.

Aus der Melone vier schöne Scheiben schneiden, entkernen und mit einem Ausstecher in gleichmässige Form bringen. Die Melonenscheiben in einer Grillpfanne 2–3 Minuten grillieren.

Die Melonenabschnitte im Mixer pürieren, mit dem Ingwer und den Gewürzen aufkochen und etwa 20 Minuten leise köcheln lassen, mit Salz abschmecken, durch ein Sieb passieren und warm stellen. Die grillierten Melonenscheiben darin etwa 1 Stunde marinieren und warm halten.

Die Melonenscheiben auf vorgewärmte Teller geben, die Rehfilets in Medaillons schneiden und darauf anrichten. Mit der Holundersauce umgiessen.

1 ½ kg Rehrücken,
Filets vom Metzger ausgelöst, pariert,
Knochen fein gehackt
100 ml Öl
1 Teelöffel Wacholderbeeren, gehackt
Salz, Pfeffer aus der Mühle
Butter zum Braten

1 Karotte, grob gewürfelt
3 Schalotten, gewürfelt
1 Sellerieknolle, geschält,
grob gewürfelt
300 ml Rotwein
1 l Kalbsfond oder eventuell Wasser
6 Wacholderbeeren
1 Zweig Thymian
1 Salbeiblatt
1 Lorbeerblatt

100 ml Madeira
1 Esslöffel Cognac
50 g Butter
1 Esslöffel Holunderkonfitüre

Gewürzmelonen
1 Honigmelone, geschält
50 g Ingwer, geschält, klein geschnitten
3 Sternanis
2 Kardamomkapsel
Szechuanpfeffer

Kalbskotelett mit Salbei und Tomatentörtchen

Die Tomaten im Ofen bei 80 Grad 2–3 Stunden trocknen lassen. Vier gefettete Ringformen mit den getrockneten Tomaten auskleiden. Den Rest der Tomaten klein schneiden und in Olivenöl mit Knoblauch, Salbei und Schalotten kurz andünsten, mit Salz, Pfeffer und Zucker abschmecken. Die Tomatenmischung in die Ringe füllen. Vor dem Servieren im Ofen bei 160 Grad kurz erwärmen.

Den Kalbskotelettbraten mit den Knoblauchzehen in einer heissen Pfanne in Traubenkernöl rundherum goldgelb anbraten, die Salbeiblätter darauf verteilen, dann 25 Minuten im 160 Grad heissen Backofen braten. Herausnehmen und an einem warmen Ort 10 Minuten ruhen lassen.

In der Zwischenzeit das Fett aus der Pfanne abgiessen, den Bratensatz mit dem Weisswein ablöschen, mit dem Kalbsjus auffüllen und beides einkochen lassen, mit Salz und Pfeffer abschmecken. Den Fond durch ein Sieb passieren und die kalte Butter einschwenken.

Das Kalbskotelett nach Belieben wie auf dem Foto ganz oder aufgeschnitten anrichten, die Tomatentörtchen dazustellen und mit der Sauce umgiessen.

Tomatentörtchen
6 Tomaten, gehäutet, geviertelt, entkernt
Olivenöl
4 Knoblauchzehen, klein gewürfelt
4 Salbeiblätter, klein geschnitten
2 Schalotten, klein gewürfelt
Salz, Pfeffer aus der Mühle, etwas Zucker

1 ganzes Kalbskotelett, ca. 800 g,
oder 4 Kalbskoteletts à 200 g
8 Knoblauchzehen
Traubenkernöl zum Braten
16 Salbeiblätter
50 ml Weisswein
100 ml Kalbsjus
20 g Butter, kalt

Glasierte Kalbshaxe

Die Zwiebelhälfte mit der Schnittfläche nach unten auf der Herdplatte braun rösten, mit dem Lorbeerblatt und den Nelken spicken.

In einem grossen Topf 2 Liter Wasser zum Kochen bringen. Die Kalbshaxe mit Salz und Pfeffer würzen, in Öl von allen Seiten anbraten, dann zusammen mit den blanchierten Kalbsfüssen, dem Gemüse, der gerösteten Zwiebel, Knoblauch, Thymian und Pfefferkörnern in das kochende Wasser geben und mit Salz und Pfeffer würzen. Die Haxe etwa 1 Stunde bei kleiner Hitze köcheln lassen und dabei den sich bildenden Schaum immer wieder abschöpfen.

Die Kalbshaxe aus dem Topf nehmen, die Bouillon durch ein Sieb giessen, entfetten und 200 ml davon für die Sauce beiseite stellen.

Zum Glasieren in einem Schmortopf das Röstgemüse in der Butter goldbraun rösten, die Haxe hineinlegen und in den auf 180 Grad vorgeheizten Ofen stellen; dabei aufpassen, dass das Gemüse in den ersten Minuten nicht anbrennt. Nach 7–8 Minuten mit dem Wein, der beiseite gestellten Bouillon und dem Kalbsfond ablöschen, den Rosmarin dazugeben und die Haxe zugedeckt 40 Minuten fertig garen. Etwa 15 Minuten vor Ende der Garzeit den Deckel abnehmen und bei erhöhter Oberhitze die Haxe immer wieder mit dem Bratfond übergiessen, dabei bildet sich eine glänzende Schicht auf dem Fleisch.

Die Kalbshaxe herausnehmen und zugedeckt warm stellen. Die Sauce passieren, entfetten und abschmecken. Zum Schluss mit Portwein verfeinern.

Die Kalbshaxe auf einer Platte anrichten und die Sauce separat dazu reichen. Eine Beilage und Gemüsegarnitur nach Wahl dazugeben.

½ Zwiebel mit der Schale
1 Lorbeerblatt und 2 Nelken
1 Kalbshaxe, ca. 1½–2 kg
Salz, Pfeffer aus der Mühle
100 ml Öl
2 Kalbsfüsse, längs halbiert, blanchiert
1 Stange Lauch, nur weisser Teil, baumnussgross gewürfelt
2 Karotten, gebürstet, baumnussgross gewürfelt
1 kleines Stück Knollensellerie, geschält, baumnussgross gewürfelt
1 Knoblauchzehe, zerdrückt
1 Thymianzweig
10 Pfefferkörner, zerdrückt

Zum Glasieren
100 g Röstgemüse (Karotten, Sellerie, Zwiebel), gewürfelt
30 g Butter
100 ml trockener Weisswein
300–400 ml brauner Kalbsfond
2 Zweige Rosmarin
etwas Portwein

Kotelett vom Pata-Negra-Schwein

Die Koteletts mit Salz und Pfeffer würzen, in Traubenkernöl von beiden Seiten anbraten, auf ein Gitter legen und im Ofen bei 160 Grad rund 20 Minuten fertig garen.

In der Zwischenzeit das Fett aus der Pfanne abgiessen, den Bratensatz mit Madeira und Weisswein ablöschen und einkochen lassen, mit dem Jus auffüllen und diesen auf die gewünschte Konsistenz einkochen, abschmecken und zum Schluss etwas kalte Butter darunterschwenken, die Sauce passieren.

Die Zwiebeln mit Salz, Pfeffer und wenig Zucker würzen, im 200 Grad heissen Ofen auf einem Blech etwa 20 Minuten weich garen, herausnehmen und aushöhlen.

Die Eierschwämmchen mit der Hälfte der Schalotten und des Knoblauchs in der Hälfte der Butter anbraten, mit dem Cognac ablöschen, kurz aufkochen, mit Salz und Pfeffer abschmecken. Die Pilze in die Zwiebel füllen.

Die Bohnen kurz blanchieren und in Eiswasser abschrecken, dann mit den restlichen Schalotten und dem restlichen Knoblauch in der verbleibenden Butter andünsten, mit Salz und Pfeffer abschmecken.

Die Koteletts auf vorgewärmte Teller geben, die gefüllte Zwiebel und die Bohnen dazu anrichten und mit der Sauce umgiessen.

---

4 Koteletts vom Pata-Negra-Schwein, à 160 g
Salz, grob zerstossener tasmanischer Pfeffer
Traubenkernöl
80 ml Madeira
200 ml Weisswein
300 ml Schweinsjus
20 g kalte Butter

2 Zwiebeln, halbiert
Salz, Pfeffer aus der Mühle, etwas Zucker
100 g Eierschwämmchen (Pfifferlinge)
4 Schalotten, klein gewürfelt
2 Knoblauchzehen, fein geschnitten
40 g Butter
1 Esslöffel Cognac
160 g grüne und gelbe Stangenbohnen
Rosmarin

Wildschweinkotelett mit Schwarzwurzel-Chartreuse und Holunderkompott

Die Koteletts mit Salz und Pfeffer würzen, von beiden Seiten im Traubenkernöl kurz anbraten und im Ofen bei 160 Grad etwa 7 Minuten fertiggaren. Herausnehmen und warm stellen. Das Fett aus der Fleischpfanne abgiessen, den Bratenfond mit Portwein und Madeira ablöschen, mit dem Wildfond aufgiessen und einkochen.

Für das Holunderkompott den Zucker karamellisieren, die Holunderbeeren dazugeben und mit der reduzierten Bratensauce auffüllen, die kalte Butter darunterschwenken und mit Salz, Pfeffer und Cassislikör abschmecken.

Die Schwarzwurzeln in Butter andünsten, mit Salz, Pfeffer und Muskat würzen, etwas Wasser dazugeben und weich dünsten. Herausnehmen und damit eine gefettete Ringform auskleiden. In die Mitte die halbierten Feigen geben und die Chartreuses im Ofen bei 120–130 Grad erhitzen.

Die Schwarzwurzel-Chartreuses auf Teller stellen, die Ringe entfernen. Das Holunderkompott dazugeben und die Koteletts daraufsetzen, mit der Sauce umgiessen.

8 Wildschweinkoteletts à 80 g
Salz, Pfeffer aus der Mühle
Traubenkernöl zum Anbraten
50 ml Portwein
50 ml Madeira
200 ml Wildfond

Holunderkompott
20 g Zucker
100 g Holunderbeeren
20 g Butter
2 Esslöffel Cassislikör

160 g Schwarzwurzeln, geschält, in gleichmässige Stücke in der Höhe der Ringformen geschnitten
20 g Butter
geriebene Muskatnuss
4 getrocknete Feigen, halbiert

Kalbsbacken, in Rotwein geschmort, mit Kartoffelpüree

Die Kalbsbacken würzen, mit Mehl bestäuben und in heissem Olivenöl anbraten, bis sie Farbe angenommen haben. Aus der Pfanne nehmen und in einem Sieb abtropfen lassen.

In einem Schmortopf Olivenöl erhitzen, das Röstgemüse beifügen und unter Rühren leicht Farbe annehmen lassen. Das Tomatenmark hinzufügen, sofort mit dem Rotwein ablöschen und die Sauce etwas einkochen lassen. Die Kalbsbacken und die Kalbsfüsse in die Sauce legen, mit dem Kalbsjus auffüllen, die Gewürze dazugeben und das Ganze zugedeckt bei schwacher Hitze 1½–2 Stunden schmoren lassen.

Inzwischen die Kartoffeln für das Püree im Salzwasser weichkochen, abschütten und ausdämpfen lassen. Dann durch die Kartoffelpresse drücken oder durchs Passevite treiben. Die Butter in Flocken und die heisse Milch langsam darunterziehen. Mit Salz, Pfeffer und Muskat abschmecken.

Die Artischocken vorbereiten und sofort in kaltes Wasser mit Zitronensaft, Salz, Wacholderbeeren, Lorbeerblättern, Nelke und Pfeffer legen, das Mehl einrühren und die Artischocken rund 20 Minuten kochen lassen. Herausnehmen und das Heu entfernen.

Die Erbsen in kochendem Salzwasser blanchieren, in Eiswasser abschrecken, in einem Sieb abtropfen lassen. Die Butter erhitzen, die Schalotte dazugeben, mit Salz und Zucker würzen, die Erbsen dazugeben und zugedeckt 2 Minuten glasieren, zum Schluss die Pfefferminze daruntermischen. Die Erbsen in die Artischocken füllen.

Wenn die Kalbsbacken fertig geschmort sind, die Kalbsfüsse entfernen, die Kalbsbacken herausnehmen und warm stellen. Die Sauce nochmals aufkochen und falls nötig zur gewünschten Dicke einkochen, passieren, eventuell nachwürzen.

Die Kalbsbacken auf vorgewärmte Teller legen, mit der Sauce überziehen, eine Nocke Kartoffelpüree und eine gefüllte Artischocke dazusetzen.

---

4 ausgelöste Kalbsbacken
Salz, Pfeffer aus der Mühle
Mehl zum Bestäuben
Olivenöl

Mirepoix (Röstgemüse)
1 Stange Lauch, gewaschen, gewürfelt
2 Karotten, geschält, gewürfelt
1 kleines Stück Stangensellerie, gewürfelt
1 Zwiebel, gewürfelt
2 Knoblauchzehen, klein gewürfelt
2 Esslöffel Tomatenmark
½ l kräftiger Rotwein (Pinot noir, Shiraz)
2 Kalbsfüsse, in dicke Scheiben geschnitten
700 ml Kalbsjus
1 Lorbeerblatt, 1 Nelke,
1 Zweig Rosmarin, 1 Zweig Thymian
10 schwarze Pfefferkörner, zerstossen
Salz

Kartoffelpüree
600 g mehlig kochende Kartoffeln, gewaschen, geschält, geviertelt
60–80 g Butter
200 ml Milch, heiss
Salz, Pfeffer aus der Mühle, Muskatnuss

Artischocken mit Erbsen
4 Artischocken, wie auf Seite 69 beschrieben vorbereitet
Saft von 1 Zitrone
Salz
5 Wacholderbeeren
4 Lorbeerblätter
1 Nelke
1 Teelöffel Pfefferkörner, zerstossen
30 g Mehl

100 g Erbsen, ausgelöst
40 g Butter
1 Schalotte, klein gewürfelt
1 Prise Salz
1 Prise Zucker
1 Teelöffel Pfefferminzblätter, fein geschnitten

Crêpinette von Ochsenschwanz, in Rotwein geschmort

Die Ochsenschwanzstücke zusammen mit Lorbeerblatt, Nelke und dem Gemüse im Rotwein 48 Stunden marinieren.

Die Ochsenschwanzstücke aus der Marinade nehmen und gut abtrocknen, mit Salz und Pfeffer würzen und in heissem Öl gut anbraten. In der Zwischenzeit das Gemüse absieben und die Rotweinmarinade auffangen.
Das Bratfett vom Ochsenschwanz etwas abgiessen, das Marinadengemüse dazugeben und ebenfalls gut anbraten, so dass es eine schöne braune Farbe annimmt. Das Tomatenpüree mit anrösten und mit dem Mehl bestäuben, dieses ebenfalls etwas Farbe annehmen lassen, das Ganze mit Portwein und Madeira ablöschen, dann mit dem Rotwein von der Marinade auffüllen und einkochen lassen; nach einiger Zeit mit 1 Liter Wasser auffüllen und weiter schmoren lassen. Die Ochsenschwanzstücke insgesamt 4–5 Stunden schmoren, dabei ab und zu umdrehen, falls nötig noch etwas Wasser zugiessen. 20–30 Minuten vor Ende der Kochzeit Steinpilze, Champignons und Knoblauch dazugeben.

Die geschmorten Ochsenschwanzstücke aus der Sauce nehmen. Das Fleisch vom Knochen lösen. Das Schweinenetz in vier Teile schneiden und das ausgelöste Fleisch darin einpacken, gut zusammendrücken und kalt stellen.

Die Sauce durch ein feines Sieb passieren, den Rosmarinzweig dazugeben und um die Hälfte einkochen lassen. Die Sauce nochmals durch ein feines Sieb passieren, mit Salz und Pfeffer abschmecken.

Die Ochsenschwanz-Crêpinette im Netz in der fertigen Sauce erhitzen. Mit Kartoffelpüree (siehe Seite 140) und Gemüse nach Wahl servieren.

Geschmorter Ochsenschwanz
8 Scheiben, aus der Mitte des Ochsenschwanzes geschnitten
2 l Rotwein
1 Lorbeerblatt
1 Nelke
2 Zwiebeln, klein geschnitten
2 Karotten, geschält, klein geschnitten
1 Sellerie, geschält, klein geschnitten
Salz, Pfeffer aus der Mühle
Öl zum Anbraten
50 g Tomatenpüree
1 Esslöffel Mehl
100 ml Portwein
100 ml Madeira
100 g getrocknete Steinpilze, eingeweicht
100 g Champignons, klein geschnitten
2 Knoblauchzehen, gepresst
1 Zweig Rosmarin
1 Schweinenetz

Wachtel auf Portweinjus mit Calvadosapfel

Die Wachteln mit Salz und Pfeffer würzen, im Traubenkernöl auf jeder Brustseite 2–3 Minuten anbraten, dann auf den Rücken drehen und im Ofen etwa 10 Minuten fertigbraten, warm stellen. Die Pfanne entfetten, den Bratensatz mit dem Portwein ablöschen, diesen kurz einkochen, mit dem Kalbsjus auffüllen und wieder einkochen. Zum Schluss die kalte Butter einschwenken.

Die Äpfel in etwa 1 cm dicke Scheiben schneiden (4 Scheiben), diese in der Butter andünsten, mit Zucker bestreuen und diesen karamellisieren lassen, mit dem Calvados ablöschen und mit dem Rahm auffüllen. Zuletzt mit Cayennepfeffer, Salz, weissem Pfeffer und Zitronensaft abschmecken.

Die Äpfel auf die Teller verteilen, mit der Calvadossauce überziehen, je eine Wachtel daraufsetzen und mit dem Portweinjus überziehen.

4 Wachteln aus der Dombe, küchenfertig
Salz, Pfeffer aus der Mühle
Traubenkernöl zum Braten
50 ml Portwein
100 ml Kalbsjus
30 g Butter, kalt

Calvadosäpfel
2 Äpfel
30 g Butter
Zucker
50 ml Calvados
200 ml Rahm
Cayennepfeffer, Salz, weisser Pfeffer aus der Mühle, etwas Zitronensaft

Pochiertes Stubenküken mit Périgordtrüffel und Salat Mimosa

Die Stubenküken innen und aussen mit Salz und Pfeffer würzen, im Geflügelfond etwa 40 Minuten pochieren. Die Stubenküken aus dem Fond nehmen, die Haut abziehen, die Hühnchen mit den Trüffelscheiben belegen, diese mit dem reduzierten Kalbsjus glasieren und warm stellen.

Für die Sauce den Geflügelfond durch ein Sieb passieren, den Vollrahm dazugiessen und auf gewünschte Dicke einkochen, zum Schluss die kalte Butter einrühren.

Für den Salat die Kopfsalatherzen in Olivenöl und Wasser kurz dünsten, mit Salz und Pfeffer würzen. Baumnussöl, Apfelessig, Salz und Pfeffer zu einer Vinaigrette rühren und damit den Salat beträufeln.

Die Stubenküken auf die Teller setzen, die Salatherzen dazulegen, mit der Sauce beträufeln.

4 bretonische Stubenküken, küchenfertig
Salz, Pfeffer aus der Mühle
2 l Geflügelfond
50 g Perigordtrüffel, in dünne Scheiben geschnitten
etwas eingekochter Kalbsjus zum Glasieren
100 ml Vollrahm
20 g Butter

Salat Mimosa
4 Kopfsalatherzen
2 Esslöffel Olivenöl und
2–3 Esslöffel Wasser
3 Esslöffel Baumnussöl
1 Esslöffel Apfelbalsamicoessig
1 Esslöffel Weisswein

Ganze Bresse-Poularde, im Ofen poëliert, auf Wurzelgemüse

Die Poularde innen und aussen kräftig mit Salz und Pfeffer würzen und mit Küchengarn binden.

Das Röstgemüse und den Speck in einem Schmortopf in Traubenkernöl anbraten. Die Poularde in einer separaten Pfanne im heissen Öl von allen Seiten gut anbraten. Dann auf das Gemüse in den Schmortopf setzen und mit der erhitzten Butter übergiessen. Mit dem Weisswein ablöschen und einkochen, dann mit dem Geflügelfond auffüllen und die Poularde zugedeckt im Ofen bei 160 Grad unter häufigem Begiessen mit dem Bratenfond zugedeckt 30–40 Minuten schmoren lassen.

Die Poularde herausnehmen und warm stellen. Das Röstgemüse und den Fond druch ein Sieb passieren, falls nötig entfetten, mit Salz und Pfeffer abschmecken.

Stachys kurz blanchieren. Karotten, Sellerie und Petersilienwurzel schälen und auf die gleiche Grösse zurechtschneiden. In kochendem Wasser blanchieren und in Eiswasser abschrecken. Das Gemüse in der Butter mit etwas Zucker und Salz kurz dünsten, 1 Esslöffel Wasser dazugeben und ständig schwenken, am Schluss noch etwas kalte Butter darunterziehen und das Gemüse nochmals abschmecken.

Die Poularde tranchieren, auf vorgewärmten Tellern anrichten, mit dem Gemüse ausgarnieren. Dazu separat die Sauce und als Beilage Schupfnudeln reichen.

---

1 Poularde, ca. 1 ½ kg, küchenfertig
Salz, Pfeffer aus der Mühle
400 g Röstgemüse
(Sellerie, Zwiebeln, Karotten)
100 g Speck, klein geschnitten
Traubenkernöl
60 g Butter
200 ml Weisswein
200 ml Geflügelfond
4 Knoblauchzehen, ganz
frische Kräuter
(z.B. Salbei, Thymian, Petersilie), ganz

400 g Wurzelgemüse (Karotten, Sellerie, Petersilienwurzel und Stachys)
40–50 g Butter
Zucker, Salz

Ganze Ente, mit Zitronen gefüllt, an Sesamsauce

Die Ente innen und aussen mit Salz und Pfeffer gut würzen, mit den ganzen Zitronen füllen und binden. In heissem Traubenkernöl auf den Schenkelseiten etwa 10 Minuten anbraten, danach auf den Rücken legen und 45 Minuten unter ständigem Begiessen weiter braten. 5 Minuten vor dem Ende der Bratzeit das Bratfett abgiessen, den Bratfond mit dem Weisswein und dem Geflügelfond ablöschen und die Ente damit weiter übergiessen. Danach die Ente herausnehmen und warm stellen.

Den Bratfond um die Hälfte einkochen, durch ein Sieb passieren und mit etwas Sesamöl abschmecken.

Die Ente tranchieren und auf Tellern anrichten, mit etwas Sesamsamen bestreuen. Nach Belieben mit Lychees garnieren und Wurzelgemüse nach Wahl dazu servieren.

1 Miréal-Ente, ca. 2–2½ kg, küchenfertig
Salz, Pfeffer aus der Mühle
Traubenkernöl zum Braten
2 ungespritzte Zitronen, gewaschen
200 ml trockener Weisswein
½ l Geflügelfond
etwas Sesamöl
1 Esslöffel geröstete Sesamsamen

Desserts

Vanilleflan mit Walderdbeeren

Doppelrahm und Vollrahm zusammen mit dem Vanillemark langsam aufkochen. In einer Schüssel die Eigelbe mit dem Zucker gut mischen, den heissen Vanillerahm dazugiessen und gründlich verrühren. In vier gebutterte Timbaleformen füllen und im Wasserbad im Ofen bei 85 Grad 20–25 Minuten pochieren, bis die Masse fest wird. Herausnehmen und im Kühlschrank gut durchkühlen.

Die Hälfte der Walderdbeeren mit etwas Zitronensaft und 30 ml Läuterzucker marinieren. Die restlichen Erdbeeren mit dem verbleibenden Läuterzucker und Zitronensaft im Mixer zu einem Coulis pürieren.

Die Vanilleflans kurz in heisses Wasser tauchen und die Flans auf die Teller setzen, mit den Walderdbeeren belegen und mit dem Coulis garnieren.

Vanilleflan
100 ml Doppelrahm (Crème double)
25 ml Vollrahm
1 Vanilleschote, Mark
6 Eigelb
80 g Zucker
Butter für die Formen

400 g Walderdbeeren
Saft von ½ Zitrone
100 ml Läuterzucker (Grundrezept)

Pfefferminzparfait mit Walderdbeeren-Millefeuille

Für das Parfait die Eigelbe mit dem Zucker über einem heissen Wasserbad zu einer schaumigen, hellen Masse schlagen, vom Wasserbad nehmen und kaltschlagen. Den Pfefferminzlikör darunterrühren, dann die Pfefferminzblätter und den Schlagrahm darunterheben. Die Masse in Förmchen füllen und gefrieren.

Die Blätterteigscheiben im 200 Grad heissen Ofen 4–5 Minuten blind backen.

Den Rahm steifschlagen, mit Puderzucker und Vanillemark parfümieren.

Von den Walderdbeeren 240 g mit Zitronensaft und Puderzucker mischen und marinieren. Die restlichen Beeren mit etwas Zucker, Wasser und Zitronensaft zu einem Coulis pürieren.

Die marinierten Beeren abwechselnd mit dem Schlagrahm und den Blätterteigscheiben zu einem Millefeuille zusammensetzen.

Das Pfefferminzparfait kurz in heisses Wasser tauchen, mit einem Messer dem Rand entlang lösen, aus den Förmchen stürzen, nach Belieben in Würfel schneiden. Mit dem Millefeuille auf den Tellern anrichten und mit dem Beerencoulis garnieren.

Parfait
8 Eigelb
160 g Zucker
30 ml Pfefferminzlikör
50 g frische Pfefferminzblätter,
fein geschnitten
½ l Rahm, geschlagen

ca. 100 g Blätterteig, hauchdünn ausgerollt,
in 12 Rechtecke
von ca. 7 x 4 cm geschnitten
100 ml Rahm
1 Esslöffel Puderzucker
1 Vanilleschote, Mark
300 g Walderdbeeren
Saft von ½ Zitrone
1 Esslöffel Puderzucker

Cassata mit Beeren

Die Form mit Klarsichtfolie auslegen.

Für das Schokoladenparfait die Kuvertüre mit einem Viertel des Rahms und dem Cognac über einem heissen Wasserbad schmelzen. Das Ei mit Zucker und Salz ebenfalls über dem heissen Wasserbad aufschlagen, dann vom Wasserbad nehmen und kaltschlagen. Die lauwarme Schokoladenmasse unter die schaumige Eimasse ziehen. Den restlichen Rahm steifschlagen und nach und nach darunterheben. Die Masse in die Form füllen und gefrieren.

Für das Karamellparfait das Ei mit dem Puderzucker über einem heissen Wasserbad aufschlagen, dann vom Wasserbad nehmen und kaltschlagen. Den Zucker zu Karamell kochen, mit dem Rahm ablöschen und die ausgedrückte Gelatine dazugeben und verrühren. Den Karamellrahm unter die schaumige Eimasse rühren. Den Rahm steifschlagen und nach und nach darunterheben. Auf die Schokoladenmasse in die Form füllen.

Für das Mokka-Pistazien-Parfait das Ei mit dem Zucker über einem heissen Wasserbad aufschlagen, dann vom Wasserbad nehmen und kaltschlagen. Die Mokka- und die Pistazienpaste unter die schaumige Eimasse heben. Die ausgedrückte Gelatine im Rum auflösen und dazugeben. Den Rahm steifschlagen und nach und nach darunterheben. Als abschliessende Schicht in die Form füllen und das Parfait 12 Stunden oder über Nacht gefrieren.

Das Parfait in Scheiben schneiden und mit Saisonfrüchten, hier mit einem Karamellkörbchen, anrichten.

Für eine Terrinenform von 1 Liter Inhalt

Schokoladenparfait
40 g dunkle Kuvertüre
180 ml Vollrahm
2 Esslöffel Cognac
1 Ei
30 g Zucker
1 Prise Salz

Karamellparfait
1 Ei
1 Esslöffel Puderzucker
80 g Zucker
40 ml Vollrahm
1 Blatt Gelatine, eingeweicht
150 ml Vollrahm

Mokka-Pistazien-Parfait
1 Ei
25 g Zucker
1 Esslöffel Mokkapaste (aus der Confiserie oder dem Comestiblesgeschäft)
1 Esslöffel Pistazienpaste (aus der Confiserie oder dem Comestiblesgeschäft)
1 Blatt Gelatine, eingeweicht
20 ml Rum
150 ml Vollrahm

Aprikosenvariation

Zum Pochieren der Aprikosen Wasser, Zucker, Nelke, Zitronensaft, Aprikosenlikör und Zimtstange in einen Topf geben und aufkochen. Die Aprikosen darin pochieren, herausnehmen und die Haut abziehen. Der Sud wird für das Sorbet verwendet. Vier Aprikosenhälften für die Tartes beiseite legen, den Rest zusammen mit etwas Sud im Mixer pürieren, durch ein Sieb streichen und für die Garnitur beiseite stellen.

Aprikosentarte

Mehl, Milch und Eigelbe glattrühren, den Zucker und die Rosinen dazugeben. Die Eiweisse steifschlagen und zum Schluss darunterheben. Die Masse in vier ausgebutterte Förmchen verteilen und im Ofen bei 180 Grad 5 Minuten anbacken. Je eine pochierte Aprikosenhälfte daraufsetzen, mit Rohrzucker bestreuen und fertigbacken.

Aprikosensorbet

Die Aprikosen mixen, mit dem Sud mischen und in der Eismaschine gefrieren.

Die Aprikosentartes auf Teller setzen, mit der Sauce umgiessen, das Sorbet in kleinen Gläsern dazu anrichten.

½ l Wasser
300 g Zucker
1 Nelke
Saft von ½ Zitrone
20 ml Aprikosenlikör
1 Zimtstange
4 reife Aprikosen, halbiert, entsteint

Aprikosentarte
170 g Mehl
⅜ l Milch
6 Eier, getrennt
80 g Zucker
20 g Rosinen
40 g Butter für die Förmchen
Zucker zum Bestreuen

Aprikosensorbet
4 Aprikosen, entsteint, geschält
200 ml Aprikosensud

Pfirsiche mit Amaretti-Soufflé auf Himbeercoulis

Die Pfirsiche halbieren, den Stein entfernen und die Früchte unten geradeschneiden, so dass sie gut stehen.

Das Wasser mit Zucker, Vanilleschote und Zimtstange aufkochen. Die Pfirsichhälften darin kurz pochieren, herausheben und die Haut abziehen, die Früchte beiseite stellen.

Die Himbeeren mit etwas Zitronensaft und dem Himbeergeist kurz mixen, durch ein Sieb streichen und kalt stellen.

In der Zwischenzeit für den Souffléteig die Eigelbe mit dem Puderzucker schaumig rühren, die zerbröselten Amaretti gut darunterarbeiten und die Masse mit dem Amaretto abschmecken. Die Eiweisse zu Schnee schlagen und darunterheben.

Vier gebutterte Ringformen auf ein mit Backpapier belegtes Blech stellen, die Pfirsichhälften hineingeben und die Ringe mit der Amarettimasse füllen. Im vorgeheizten Backofen bei 200 Grad 15 Minuten backen.

Das Himbeercoulis auf die Teller verteilen. Die Pfirsichsoufflés aus den Formen lösen, darauf anrichten und mit einem Pfefferminzblatt garnieren. Nach Belieben ein Himbeersorbet oder ein anderes Sorbet (siehe Grundrezepte) dazu reichen.

2 Pfirsiche
½ l Wasser
180 g Zucker
1 Vanilleschote
1 Zimtstange

Himbeercoulis
200 g frische Himbeeren
etwas Zitronensaft
3–4 Esslöffel Himbeergeist

Amaretti-Soufflé
2 Eigelb
40 g Puderzucker
10 Amaretti, zerbröselt
etwas Amaretto (Mandellikör)
2 Eiweiss
Butter für die Formen

Gebackene Briocheschnitte mit Portweinkirschen

Portwein, Rotwein und Orangensaft mit Honig, Nelke, Zimtstange und etwas Zitronensaft aufkochen, die Zitronenzesten dazugeben und den Fond auf einen Drittel einkochen. Die entsteinten Kirschen dazugeben und etwa 10 Minuten kochen lassen. Die Kirschen herausnehmen und warm stellen.

Den Portweinfond durch ein Sieb giessen und die kalte Butter darunterschwenken.

Die Briochescheiben halbieren. Das Ei mit dem Rahm vermischen und die Briochescheiben darin wenden. In der erhitzten Butter ausbacken. Zucker und Zimt mischen und die gebackenen Briochescheiben darin wenden.

Die Briochescheiben auf die Teller verteilen, mit den Kirschen belegen und die Sauce rundherumträufeln.

300 ml Portwein
100 ml Rotwein
100 ml Orangensaft
4 Esslöffel Honig
1 Nelke
1 Zimtstange
Zesten von 1 Zitrone und etwas Zitronensaft
400 g Kirschen, entsteint
20 g kalte Butter

Brioche
4 Scheiben Brioche, entrindet
1 Ei
30 ml Rahm
50 g Butter
20 g Zucker
½ Teelöffel Zimt

Pflaumenbeignet auf Pflaumenkompott mit schwarzem Pfeffer

Acht Pflaumenhälften für die Beignets beiseite legen, die übrigen Pflaumen in gleichmässige Schnitze schneiden.

Für das Kompott Zucker, Portwein, Rotwein, Zitronensaft, Pflaumenschnaps, Zimtstange, Nelke und Pfeffer in einen Topf geben, aufkochen und um die Hälfte reduzieren. Vom Feuer nehmen und 1 Stunde ziehen lassen, dann durch ein Sieb giessen, erneut aufkochen und die Pflaumenschnitze langsam darin pochieren.

Die beiseite gelegten Pflaumen mit dem Marzipan füllen, jeweils zwei Hälften wieder zusammensetzen und festdrücken. Die gefüllten Pflaumen durch den Backteig ziehen und im 180 Grad heissen Fett schwimmend ausbacken. Herausnehmen, auf Küchenpapier legen und mit Puderzucker bestäuben.

Das Pflaumenkompott in der Mitte der Teller anrichten, das Pflaumenbeignet daraufsetzen. Nach Belieben zusätzlich ein Sorbet dazu reichen (Grundrezept).

500 g Pflaumen, halbiert, gehäutet, entsteint
100 g Zucker
100 ml Portwein
100 ml Rotwein
Saft von ½ Zitrone
2 Esslöffel Pflaumenschnaps
1 Zimtstange
1 Nelke
1 Teelöffel tasmanischer Pfeffer, zerstossen

40 g Marzipan
100 ml Backteig (Grundrezept)
Frittieröl
Puderzucker zum Bestäuben

Bananen-Mango-Millefeuille mit Limonen-Joghurt-Sorbet

Die Mango schälen, das Fruchtfleisch vom Stein schneiden und in gleichmässig dünne Rechtecke schneiden. Die Bananen schälen, die Hälfte in gleichmässige 2 cm dicke, die andere Hälfte in ½ cm dicke Scheiben schneiden. Die Früchte mit Zitronensaft, Rum und Puderzucker mischen und marinieren.

Den Orangensaft mit Glukose, Kokosraspel und Butter mischen und erhitzen, bis die Butter geschmolzen ist, dann die übrigen Zutaten dazugeben und verrühren. Mindestens 1 Stunde kalt stellen. Die Masse auf einer Silikonmatte dünn aufstreichen und im Ofen bei 175 Grad etwa 8 Minuten backen. Herausnehmen und in gleichmässige Rechtecke schneiden.

Alle Zutaten zum Sorbet mischen und in der Eismaschine gefrieren lassen.

Auf vorgekühlte Teller jeweils eine Mangoscheibe legen, mit den dicken Bananenscheiben belegen, dann eine Scheibe Schokoladen-Tuile, anschliessend wiederum eine Mangoscheibe darauflegen und zum Schluss mit den dünnen Bananenscheiben belegen. Das Sorbet dazu anrichten.

---

1 Mango
3 Bananen
Saft von 1 Zitrone
10 ml Baccardi-Rum
1 Prise Puderzucker

Schokoladen-Tuiles
2 Esslöffel (25 ml) Orangensaft
1 Teelöffel (10 g) Glukose
1 Esslöffel (10 g) Kokosraspel
40 g Butter
100 g Zucker
1 Esslöffel (12 g) Mehl
1 Esslöffel (12 g) Kakao

Limonen-Joghurt-Sorbet
125 g Joghurt nature
2 Limetten, Zesten und Saft
40 g Zucker

Blätterteigkissen mit Schokoladenfüllung auf Pistaziensauce

Die Schokolade zusammen mit dem Vollrahm über einem heissen Wasserbad schmelzen, den Cognac und das Vanillemark daruntermischen. Die Schokoladenmasse an einem kühlen Ort fest werden lassen, anschliessend in vier Stücke aufteilen.

Den Blätterteig in zwei Portionen teilen und jeweils dünn ausrollen. Mit einem runden Ausstecher acht Rondellen ausstechen, vier davon mit der Schokoladenfüllung belegen, mit den restlichen vier Teigrondellen bedecken und rundherum gut andrücken. Mit Puderzucker bestäuben und im 200 Grad heissen Ofen 10 Minuten ausbacken.

Die Vanillesauce zubereiten und mit dem Pistazienkonzentrat mischen, glattrühren und durch ein Sieb streichen.

Die Pistaziensauce auf die Teller verteilen und je ein gefülltes Blätterteigkissen daraufsetzen.

Schokoladefüllung
320 g Valrhônaschokolade (mit 72% Kakaoanteil)
100 ml Vollrahm
1 Esslöffel Cognac
1 Vanilleschote, Mark

300 g Blätterteig
Puderzucker

120 g Vanillesauce (Grundrezept)
80 g Pistazienkonzentrat
(aus der Confiserie oder dem Comestiblesgeschäft)

Ananasravioli mit Kubebenpfeffer und Kokosnusssorbet

Für das Sorbet die Kokosmilch mit Glukose, Wasser und Zucker aufkochen, den Kokoslikör dazugeben und in der Eismaschine gefrieren lassen.

Für den Fond den Süsswein mit Zitronensaft, Zucker, Pfeffer und Estragon mischen, aufkochen und 2 Stunden ziehen lassen.

Die Ananas in sehr dünne Scheiben schneiden, aus diesen 12 gleich grosse Rechtecke schneiden. Die Abschnitte klein schneiden, mit den Kokosflocken und den Rosinen mischen. Die Masse jeweils zwischen zwei Ananasscheiben geben und diese zusammendrücken.

Die Ananasravioli in tiefe Teller verteilen, mit dem Fond übergiessen und das Kokosnusssorbet dazusetzen.

Kokossorbet
200 g Kokosmilch
2 Teelöffel (20 g) Glukose
70 ml Wasser
60 g Zucker
40 ml Batida di coco (Kokosnusslikör)

Fond
100 ml Süsswein
Saft von ½ Zitrone
40 g Zucker
½ Teelöffel Kubebenpfeffer
½ Teelöffel rosa Pfeffer
1 Teelöffel Estragonblätter, gezupft

1 frische Ananas, geschält, Augen entfernt, viereckig geschnitten
40 g Kokosflocken
2 Esslöffel Rosinen

Lebkuchensoufflé mit Zimtsabayon und Weissweinbirne

Für das Soufflé vier Förmchen ausbuttern. Die Eigelbe mit dem Zucker über einem heissen Wasserbad aufschlagen, dann vom Wasserbad nehmen und wieder kaltschlagen. Die Bitterschokolade über dem heissen Wasserbad schmelzen lassen und unter die Eigelb-Zucker-Mischung rühren. Die Mandeln ebenfalls darunterheben, mit dem Lebkuchengewürz abschmecken. Die Eiweisse mit der Prise Salz steifschlagen und nach und nach unter die Masse heben, sofort in die ausgebutterten Förmchen füllen und in einem Wasserbad im Ofen bei 200 Grad 15–20 Minuten backen.

Für die Weissweinbirnen alle Sudzutaten zusammen aufkochen und ½ Stunde ziehen lassen. In der Zwischenzeit die Birnen schälen, mit einem Ausstecher das Kerngehäuse entfernen und die Birnen im Gewürzsud pochieren.

Für den Sabayon alle Zutaten in einer Schüssel gut vermischen, über einem heissen Wasserbad kräftig aufschlagen, bis ein dicklicher Schaum entsteht.

Mit dem Zimtsabayon auf den Tellern einen Spiegel bilden, das Soufflé daraufsetzen und die Birne dazustellen.

Soufflé
4 Eigelb
80 g Zucker
30 g Bitterschokolade
50 g geriebene Mandeln, leicht geröstet
10 g Lebkuchengewürz
4 Eiweiss
1 Prise Salz
Butter für die Förmchen

Weissweinbirnen
200 ml Süsswein
100 ml Läuterzucker (Grundrezept)
1 Nelke
½ Teelöffel schwarzer Pfeffer, zerstossen
1 Zimtstange
1 Kardamomkapsel
Saft von ½ Zitrone
4 Williamsbirnen

Zimtsabayon
1 Ei
1 Eigelb
30 ml Süsswein
½ Teelöffel Zimtpulver
30 g Zucker

Variation von Passionsfrucht

Omelette surprise

Das Passionsfruchtmark mit dem Läuterzucker vermischen und in der Eismaschine zu Sorbet gefrieren.

Aus dem Biskuitboden vier kleine Rondellen von 5 cm Durchmesser ausstechen. Je eine Kugel Passionsfruchtsorbet auf die Biskuitscheiben geben und einfrieren. Das Eiweiss mit dem Zucker zu glänzendem Schnee schlagen, mit dem Dressiersack auf die Sorbetkugel spritzen und erneut einfrieren.

Passionsfruchtcreme

Das Passionsfruchtmark mit dem Vanillemark aufkochen. Die Eigelbe mit dem Zucker schaumig rühren, das heisse Passionsfruchtmark nach und nach einrühren und erhitzen, bis die Flüssigkeit leicht bindet. Die ausgedrückten Gelatineblätter darin auflösen, dann die Creme kaltrühren. Den Schlagrahm darunterheben. Die Creme in die Schokoladenringe füllen und kalt stellen.

Passionsfruchtkuchen

Die Form fetten und mit Kuchenteig auslegen, mit Backpapier belegt und mit Hülsenfrüchten beschwert im Ofen bei 180 Grad 15–20 Minuten blind backen. Herausnehmen, Papier und Hülsenfrüchte entfernen.

Das Passionsfruchtmark mit dem Puderzucker zum Kochen bringen, um die Hälfte einkochen, dann erkalten lassen. Den Doppelrahm mit den Eiern und den Eigelben verrühren, das Passionsfruchtmark daruntermischen und mit dem Zitronensaft abschmecken. Die Masse auf die gebackenen Teigböden giessen und im 80–90 Grad heissen Ofen etwa 1 Stunde stocken lassen.

Passionsfruchtsoufflé

Die Butter mit dem Zucker in einer Schüssel schaumig schlagen, die Eigelbe darunterrühren, dann über einem heissen Wasserbad unter Rühren erhitzen, bis die Masse gut gestockt ist. Die Schüssel in Eiswasser stellen und die Creme kaltrühren. Das Passionsfruchtmark mit der Speisestärke verrühren und unter die Creme mischen. Die Eiweisse mit dem Zucker zu Schnee schlagen, diesen ebenfalls unterziehen. Die Masse in die halben Passionsfruchtschalen füllen und im Ofen bei 190 Grad etwa 25 Minuten backen.

Kurz vor dem Servieren die tiefgekühlten «Omelettes Surprise» bei 240 Grad Oberhitze überbacken. Zusammen mit Soufflé, Kuchen und Creme anrichten.

Omelette Surprise
100 g Passionsfruchtmark (3–4 Früchte)
125 ml Läuterzucker
1 kleiner Biskuitboden (Grundrezept)
1 Eiweiss
70 g Zucker

Passionsfruchtcreme
300 g Passionsfruchtmark (10–12 Früchte)
Mark von ½ Vanilleschote
4 Eigelb
100 g Zucker
3 Gelatineblätter, eingeweicht
200 ml Rahm, steif geschlagen
4 Schokoladenringe oder -hülsen

Passionsfruchtkuchen
(für 2 kleine Kuchen von 16–18 cm Durchmesser)
250 g Kuchenteig (Grundrezept), ausgerollt
Butter für die Form
250 g Passionsfruchtmark (ca. 10 Früchte)
60 g Puderzucker
250 g Doppelrahm
3 Eier
2 Eigelb

Passionsfruchtsoufflé
60 g weiche Butter
40 g Zucker
5–6 Eigelb (125 g)
½ Passionsfrucht, ausgelöstes Mark
15 g Speisestärke
125 g Eiweiss
20 g Zucker
Butter zum Bepinseln

Die Passionsfrüchte jeweils halbieren, das Mark auslösen und nach Belieben durch ein Sieb passieren, um die Kerne zu entfernen.

Marronimousse-Crêpe-Törtchen

Den Zucker karamellisieren, die Marroni dazugeben, mit dem Weisswein ablöschen, Wasser, Sellerie, Grappa und Rahm dazugeben und leise kochen lassen, bis die Flüssigkeit um die Hälfte reduziert ist. Alles fein mixen und durch ein Sieb streichen.

Alle Zutaten zum Crêpeteig verrühren, durch ein Sieb passieren und 30 Minuten ruhen lassen. Dann in einer beschichteten Pfanne in wenig Fett hauchdünne Crêpes ausbacken. Auskühlen lassen. Mit Metallringen Rondellen von etwa 5 cm Durchmesser ausstechen.

In die Metallringe jeweils eine Crêpescheibe legen, dann abwechslungsweise Marronimousse und Crêperondellen einschichten, kalt stellen. Die Metallringe abziehen, die Törtchen auf Teller setzen und mit Kakao bestreuen. Nach Belieben mit halb geschlagenem, mit Vanillemark parfümiertem Rahm sowie einer mit Zucker karamellisierten Marroni garnieren.

200 g Zucker
300 g geschälte, blanchierte Marroni (Esskastanien)
100 ml Weisswein
100 ml Wasser
50 g Sellerie, geschält, baumnussgross geschnitten
2–3 Esslöffel Grappa
150 ml Rahm

Crêpeteig
70 g Mehl
30 g Kakao
20 g Zucker
2 Eier
10 g flüssige Butter
100 ml Milch
1 Prise Salz

Kakao zum Bestreuen

Gewürzorangensalat

Das Wasser mit dem Zucker aufkochen, Kardamom, Anis, Nelken, Zimt und Vanilleschote im Mörser kurz zerquetschen, zum Zuckerwasser geben und noch einmal aufkochen.

Die Orangen samt der bitteren weissen Haut schälen, mit dem Gewürzsud übergiessen und kalt stellen.

Den Honig mit Kirsch und Orangenzesten mischen und unter die kalte Orangenmarinade rühren. Die Orangen rund 10 Tage fest verschlossen in einem Einmachglas in der Marinade ziehen lassen.

Die Orangen aus der Marinade nehmen, mit einem scharfen Messer in Scheiben schneiden und wieder zur ganzen Frucht zusammensetzen. Die Orangen auf Teller setzen und mit der Marinade umgiessen. Mit Sternanis, Zimt und Vanilleschote ausgarnieren.

Gewürzsud
½ l Wasser
380 g Zucker
6 Kardamomkapseln
2 Anissterne
3 Nelken
1 Zimtstange
1 Vanilleschote

4 Orangen
200 g Honig
50 ml Kirsch
Zesten von 2 Orangen

Grundrezepte

Heller Geflügelfond

2 Suppenhühner
1 kg Geflügelkarkassen, klein gehackt
2 l Wasser
200 ml Weisswein
3 Karottena
½ Stange Sellerie
1 Stange Lauch, weisser Teil
2 Zwiebeln, geschält
2 Knoblauchzehen, geschält
1 Nelke
1 Lorbeerblatt
1 Teelöffel weisser Pfeffer, grob zerstossen
½ Bund Kerbel
½ Bund Petersilie
3 Zweige Thymian
5 Salbeiblätter
Salz

Die Hühner kurz blanchieren, abschrecken. Die Geflügelknochen in kochendem Wasser blanchieren, dann das Wasser abgiessen und die Knochen unter fliessendem kaltem Wasser abspülen.

Die Hühner und die Knochen mit dem kalten Wasser und dem Weisswein wieder aufsetzen und zum Kochen bringen, das Gemüse, die Gewürze und Kräuter dazugeben und alles 2–3 Stunden bei niedriger Hitze köcheln lassen, dabei immer wieder abschäumen und entfetten. Zum Schluss durch ein Sieb passieren.

Kalbsfond

1,2 kg Kalbsknochen und -parüren, nussgross gehackt
2 Kalbsfüsse
Traubenkernöl
2 Zwiebeln, klein geschnitten
2 Karotten, klein geschnitten
1 Stange Lauch, weisser Teil, klein geschnitten
½ Sellerieknolle, geschält, klein geschnitten
100 g Champignons
1 Flasche Weisswein
ca. 4 l Wasser
1 Bund Petersilie
½ Bund Thymian
2 Zweige Rosmarin
5 Salbeiblätter
1 Lorbeerblatt
1 Nelke
1 Teelöffel weisse Pfefferkörner, grob zerstossen

Die Kalbsknochen mit den Kalbsfüssen kalt aufsetzen und einmal aufkochen, abgiessen und abtropfen lassen. Anschliessend die Knochen und die Kalbsfüsse mit den Parüren in heissem Öl anbraten, ohne dass sie Farbe annehmen, das Gemüse dazugeben und mitdünsten. Das Fett abgiessen, alles mit dem Weisswein ablöschen und diesen einkochen lassen, dann mit dem Wasser aufgiessen, die Gewürze dazugeben und den Fond 2 Stunden auf kleiner Flamme köcheln lassen, dabei immer wieder abschäumen. Durch ein Sieb passieren und kalt stellen. Vor Gebrauch das Fett, das sich auf der Oberfläche gebildet hat, entfernen.

Kalbsjus

1 kg Knochen und Parüren vom Kalb, nussgross gehackt
1 ganzer Kalbsfuss
400 g Röstgemüse (Karotten, Sellerie, Zwiebel), gewürfelt
3 Knoblauchzehen
1 Esslöffel Tomatenpüree
300 ml Weisswein
100 ml Noilly Prat (trockener Wermut)
3 l Kalbsfond ((siehe links))
1 kleiner Zweig Liebstöckel
1 Zweig Thymian
1 Zweig Salbei
½ Bund Petersilie
2 Teelöffel weisse Pfefferkörner, zerstossen
1 Nelke
1 Lorbeerblatt

Die Knochen in kochendem Wasser blanchieren, abgiessen und abtropfen lassen. Die Knochen und Parüren in heissem Öl anrösten, das Gemüse dazugeben und mit anrösten. Das Fett abgiessen, das Tomatenpüree beifügen und 5 Minuten andünsten, mit Weisswein und Noilly Prat ablöschen, einkochen und mit dem Kalbsfond aufgiessen. 3 Stunden langsam kochen lassen, dabei immer wieder abschäumen und entfetten. ½ Stunde vor Ende der Kochzeit, die Kräuter und Gewürze dazugeben. Den Jus durch ein Sieb passieren und noch etwas einkochen lassen.

Glace de viande

Eine Glace de viande ist ein sehr stark reduzierter Fond. Dazu werden die Knochen nach dem Zubereiten des Jus nochmals mit 3 Liter kaltem Wasser aufgekocht, 10 Minuten kochen lassen, dann durch ein Sieb passieren. Den Fond sehr stark zu einer sirupartigen Konsistenz einkochen.

Glace de viande kann zum Glasieren von Fleisch, zum Verfeinern von Suppen oder Saucen oder wie im Rezept Seite 27 (Pojarski von Bresse-Poularde) als interessante Füllung verwendet werden.

Schweinsjus

1 kg Schweinsparüren, nussgross gehackt
100 g Champignons
1 Bund Petersilie
Traubenkernöl
2 Zwiebeln, klein geschnitten
1 Karotte, klein geschnitten
½ Sellerie, geschält, klein geschnitten
200 ml Weisswein
½ l Kalbsfond
1 Rosmarinzweig
1 Thymianzweig
4 Salbeiblätter
½ Knoblauchknolle
1 Teelöffel zerstossener weisser Pfeffer, Salz

Die Parüren mit Champignons und Petersilie in Traubenkernöl goldgelb rösten, das klein geschnittene Gemüse dazugeben und ebenfalls kurz mitrösten. Das Fett abgiessen, dann mit dem Weisswein ablöschen und einkochen, mit dem Kalbsfond auffüllen und 45 Minuten kochen lassen, dabei immer wieder abschäumen und entfetten.

Die Kräuter und den Knoblauch dazugeben und nochmals 15 Minuten kochen lassen, mit wenig Salz und Pfeffer würzen und zuletzt durch ein Sieb passieren.

Wildfond

1,2 kg Wildknochen und Parüren, nussgross gehackt
Traubenkernöl
400 g Röstgemüse (Karotten, Sellerie, Zwiebeln), gewürfelt
2 Knoblauchzehen
100 ml Portwein
100 ml Madeira
1 l Rotwein
2 l Wasser
1 Zweig Salbei
1 Zweig Thymian
2 Nelken
1 Teelöffel Wacholderbeeren, gequetscht
1 Lorbeerblatt
2 Sternanis
1 Teelöffel schwarzer Pfeffer, grob zerstossen
etwas Salz

Die Knochen und die Parüren in Traubenkernöl gut rösten, das Röstgemüse und den Knoblauch dazugeben und ebenfalls mitrösten, das Fett abgiessen und mit Portwein, Madeira und Rotwein ablöschen. Die Flüssigkeit sirupartig einkochen lassen, dann mit dem Wasser auffüllen, die Kräuter und Gewürze dazugeben und alles rund 2 Stunden leicht kochen lassen. Zwischendurch immer wieder abschäumen. Den Fond durch ein Sieb passieren und nochmals um die Hälfte einkochen.

Rehfond

1 Karkasse vom Rehrücken, in nussgrosse Stücke gehackt
Traubenkernöl zum Anbraten
2 Karotten, grob geschnitten
½ Knollensellerie, geschält, grob geschnitten
4 Schalotten, grob geschnitten
1 Esslöffel Tomatenmark
50 ml Portwein
1–2 Esslöffel Cognac
700 ml Rotwein
2 l Wasser
1 Knoblauchzehe
1 Lorbeerblatt
1 Nelke
½ Bund Thymian
6 Wacholderbeeren
30 g Bitterschokolade

Die Rehrückenknochen in Traubenkernöl anrösten. Das Gemüse dazugeben und mitrösten. Das Fett abgiessen, das Tomatenmark beifügen und 2 Minuten rösten, dann mit Portwein, Cognac und Rotwein ablöschen und einkochen, anschliessend mit dem Wasser etwa 1 Stunde köcheln lassen. Anschliessend durch ein Tuch passieren. Den Fond nochmals bis zur gewünschten Konsistenz einkochen und zum Schluss die Schokolade darunterziehen.

Fischfond

Fumet de poisson

500 g Fischgräten (vorzugsweise von Seezunge, Steinbutt, Rotbarbe, Petersfisch), gründlich gewaschen
Olivenöl
1 Fenchelknolle (60 g), klein geschnitten
1 Stange Sellerie (40 g), klein geschnitten
1 Schalotte, klein geschnitten
1 Stange Lauch, weisser Teil, klein geschnitten
1 Teelöffel weisse Pfefferkörner, zerstossen
200 ml trockener Weisswein
100 ml Noilly Prat (trockener Wermut)
½ l Wasser
100 g Champignons
4 Knoblauchzehen
½ Bund Thymian

Die Gräten in Olivenöl andünsten, Fenchel, Stangensellerie, Schalotte, Lauch und Pfeffer dazugeben, mit Weisswein und Noilly Prat ablöschen, dann das Wasser zusammen mit Champignons, Knoblauch und Thymian beifügen und alles 20 Minuten langsam köcheln lassen, dabei immer wieder abschäumen. Durch ein Sieb passieren.

Essenz aus dem Meer

400 g Fischparüren (von Salzwasserfischen), gründlich gewaschen
Olivenöl
1 Fenchelknolle, klein geschnitten
1 Stange Lauch, weisser Teil, klein geschnitten
5 Schalotten, klein geschnittten
4 vollreife Tomaten, klein geschnitten
100 g Champignons, klein geschnitten
4 Knoblauchzehen
100 ml Weisswein
50 ml Verjus (Saft unreifer Trauben)
50 ml Noilly Prat (trockener Wermut)
½ l Fischfond (Fumet de poisson)
1 Bund Dill
1 Zweig Thymian
Salz, Pfeffer aus der Mühle
½ Teelöffel Safran

Die Fischparüren in Olivenöl andünsten, das Gemüse und die Tomaten dazugeben und mit andünsten, dann die Champignons und den Knoblauch beifügen, mit Weisswein, Verjus und Noilly Prat ablöschen, mit dem Fischfond auffüllen, zuletzt die Kräuter, Salz, Pfeffer und Safran beigeben. Alles zusammen rund 20 Minuten köcheln lassen, anschliessend durch ein Tuch passieren.

Court-Bouillon

Zum Kochen von Krustentieren

2 l Wasser
200 ml Weisswein
100 ml heller Essig
½ Sellerieknolle (50 g), geschält, klein gewürfelt
2 Karotten, klein gewürfelt
1 Stange Lauch, weisser Teil, klein gewürfelt
1 Zwiebel, gewürfelt
½ Teelöffel weisser Pfeffer, zerstossen
1 Zweig Dill
1 Zweig Liebstöckel
1 Nelke
1 Lorbeerblatt
½ Teelöffel Kümmel
Salz

Wasser, Wein und Essig zusammen mit sämtlichen weiteren Zutaten aufkochen und 20 Minuten köcheln lassen. Anschliessend durch ein Sieb passieren.

Hollandaise

4 Esslöffel Wasser
1 Esslöffel Weissweinessig
10 weisse Pfefferkörner, zerdrückt
½ Lorbeerblatt
1 Nelke
3 Eigelb
200 g geklärte Butter
1 Prise Salz
Saft von ½ Zitrone

In einem Topf das Wasser mit Essig, Pfeffer, Lorbeer und Nelke aufkochen und alles auf die Menge von einem Esslöffel einkochen, abkühlen lassen. Diese Reduktion zu den Eigelben geben und über einem heissen Wasserbad schaumig schlagen, bis eine cremige Konsistenz erreicht ist. Die geklärte Butter mit dem Schneebesen langsam nach und nach einrühren, abschmecken mit Salz, Pfeffer und Zitronensaft.

Tipp: Zum Klären der Butter diese aufkochen, bis sich die Molke absetzt, dann die Butter durch ein Tuch passieren; darauf achten, dass die weissen Molkebestandteile zurückbleiben.

Auberginenkaviar

2 Auberginen
Olivenöl
½ Zwiebel, klein gewürfelt
½ Knolle Frühlingsknoblauch, geschält, gepresst
1 Bund Thymian
Salz, Pfeffer aus der Mühle
abgeriebene Schale von ½ Orange

Die Auberginen waschen, längs halbieren, mit Salz bestreuen und ½ Stunde ziehen lassen (dadurch werden die Bitterstoffe entzogen). Danach die Auberginen abtupfen, auf ein geöltes Blech legen und im Ofen bei 220 Grad 15–20 Minuten weich backen.

In einem Topf etwas Olivenöl erhitzen, Zwiebel und Knoblauch darin andünsten. Das Auberginenfleisch mit einem Löffel aus der Schale kratzen, fein hacken, zu den Zwiebeln geben und etwa 20 Minuten dünsten. Die abgezupften Thymianblättchen daruntermischen, mit Salz, Pfeffer und der abgeriebenen Orangenschale abschmecken.

Nudelteig, Ravioliteig

200 g Mehl
100 g Hartweizengriess
3 Eier
1 Esslöffel Olivenöl
1 Messerspitze Salz

Alles zusammen in der Küchenmaschine zu einem Teig kneten und 1 Stunde ruhen lassen.

Brioche

1 kg Mehl
150 ml lauwarmes Wasser
40 g Hefe
12 Eier
1 gehäufter Esslöffel (24 g) Salz
100 g Zucker
750 g Butter, zimmerwarm
Butter und Mehl für die Formen
1 Eigelb, verklopft

Das Mehl auf die Arbeitsfläche sieben und in der Mitte eine Mulde formen. Die Hefe mit dem Wasser verrühren, in die Mulde giessen, vom Rand her das Mehl daruntermischen und gut vermengen. Etwa 30 Minuten ruhen lassen.

Die Eier dazugeben, dann Salz und Zucker und alles zu einem glatten Teig kneten. Die Butter darunterkneten. Den Teig kräftig auf die Arbeitsfläche schlagen. Anschliessend 1 ½ Stunden ruhen lassen. Den Teig nochmals zusammenschlagen und über Nacht kühl stellen.

Den Teig in Portionen teilen und in ausgebutterte und bemehlte Formen füllen oder statt in Portionenformen den ganzen Teig in eine ausgebutterte und bemehlte Cakeform füllen. 1 ½ Stunden bei Raumtemperatur aufgehen lassen. Dann die Brioches mit verklopftem Eigelb bestreichen und im vorgeheizten Ofen bei 180 Grad 30 Minuten backen.

Kuchenteig

200 g Mehl
100 g Zucker
1 Prise Salz
100 g Butter in Flocken
2 Eigelb
Butter und Mehl für die Form

Mehl, Zucker und Salz mischen, die Butter in Flocken dazugeben und alles zu einem glatten Teig kneten. Die Eigelbe beifügen und den Teig auf der Arbeitsfläche nochmals gut kneten.

Den Teig ausrollen, von zwei Seiten her einschlagen, so dass drei Lagen entstehen und nochmals dünn ausrollen. 30 Minuten kühl stellen. Eine ausgebutterte und mit Mehl bestäubte Form mit dem Teig auslegen.

Biskuit

125 g Butter
125 g Zucker
2–3 Eier
125 g Mehl

Butter und Zucker schaumig rühren, die Eier dazugeben und gut durchrühren, das Mehl nach und nach darunterheben. Den Teig nicht zu dick auf einem mit Backpapier belegten Blech aufstreichen und bei 170 Grad rund 15 Minuten backen.

Vanillesauce

Ergibt 1 Liter
½ l Milch
1 Vanilleschote, aufgeschlitzt
8 Eigelb
180 g Zucker

Die Milch aufkochen, vom Herd nehmen, die Vanilleschote beigeben und zugedeckt ziehen lassen.

Inzwischen in einer Schüssel die Eigelbe mit dem Zucker schaumig rühren. Die heisse Milch unter kräftigem Schlagen hinzufügen, alles zurück in den Topf schütten und langsam erhitzen, dabei mit einem Holzspachtel ständig umrühren, um ein Ansetzen am Rand zu verhindern. Kurz vor dem Aufkochen die Sauce vom Herd nehmen und in eine kalte Schüssel giessen, bis zum Abkühlen weiterrühren; dies kann man beschleunigen, indem man die Schüssel in ein mit Eis versetztes Wasserbad stellt.

Backteig

130 g Mehl
50 g Zucker
3 Eigelb
Salz
125 ml Milch
40 ml Cointreau
2–3 Eiweiss

Mehl, Zucker, die Eigelbe und eine Prise Salz in eine Schüssel geben, Milch und Cointreau beifügen und alles zu einem glatten Teig verrühren, durch ein Sieb giessen und 1 Stunde ruhen lassen.

Das Eiweiss mit 1 Prise Salz steif schlagen und unter die Masse heben.

Fruchtsorbet

½ l Fruchtsaft von beliebigen Früchten
½ l Zuckersirup (Läuterzucker)

Die Mischung in der Eismaschine zur gewünschten Konsistenz gefrieren.

Läuterzucker

1 l Wasser
1 ½ kg Zucker

Zucker und Wasser mischen und einmal aufkochen.

Läuterzucker ist luftdicht verschlossen gut haltbar und lässt sich vielfältig zum Süssen verwenden.

Rezeptverzeichnis

Fisch und Krustentiere

Fleisch und Geflügel

Desserts

Grundrezepte

AT Verlag, Baden und München
Fotografie: Marco Pellanda (European Standard), Küsnacht
Reportagen und Porträts: Rainer Kamm
Gestaltung und Satz: Giorgio Chiappa, Zürich
Lithos: Vogt-Schild Druck, Derendingen
Druck und Bindearbeiten: AZ Druck und Datentechnik, Kempten
Printed in Germany

ISBN 3-03800-306-9
ISBN 978-3-03800-306-9

www.at-verlag.ch